체계적인 문법과
실용회화를 동시에 마스터하는

스마트
일본어 1

저자 **최병규**

제이앤씨
Publishing Company

🌐 일본의 지도

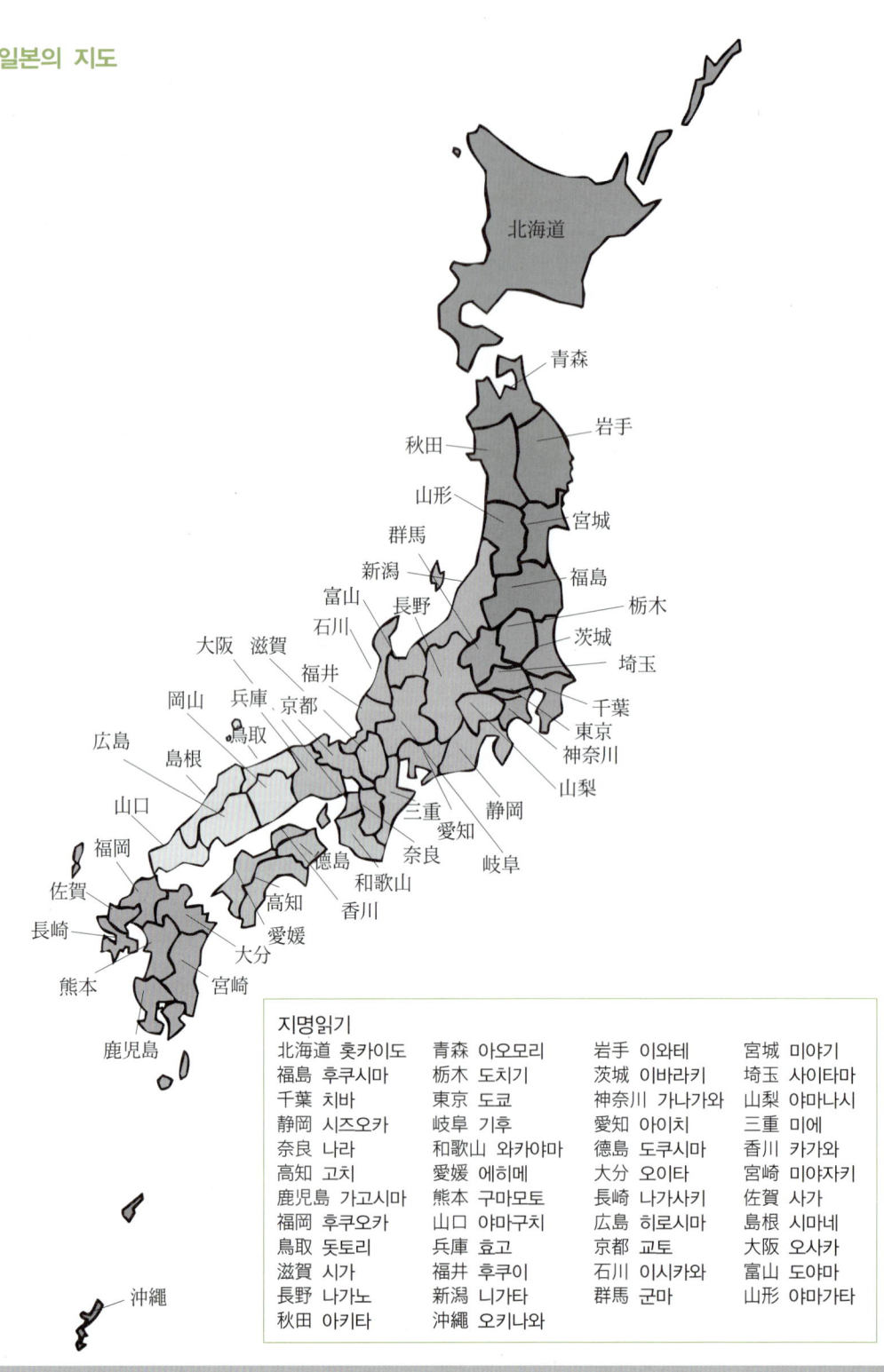

北海道

青森

岩手

秋田

山形

群馬

新潟

富山

長野

宮城

福島

栃木

茨城

埼玉

石川

大阪

滋賀

福井

岡山

兵庫

京都

広島

鳥取

島根

山口

福岡

佐賀

長崎

熊本

鹿児島

千葉

東京

神奈川

山梨

三重

静岡

愛知

奈良

岐阜

和歌山

徳島

高知

香川

愛媛

大分

宮崎

沖繩

지명읽기

北海道 훗카이도	青森 아오모리	岩手 이와테	宮城 미야기
福島 후쿠시마	栃木 도치기	茨城 이바라키	埼玉 사이타마
千葉 치바	東京 도쿄	神奈川 가나가와	山梨 야마나시
静岡 시즈오카	岐阜 기후	愛知 아이치	三重 미에
奈良 나라	和歌山 와카야마	徳島 도쿠시마	香川 카가와
高知 고치	愛媛 에히메	大分 오이타	宮崎 미야자키
鹿児島 가고시마	熊本 구마모토	長崎 나가사키	佐賀 사가
福岡 후쿠오카	山口 야마구치	広島 히로시마	島根 시마네
鳥取 돗토리	兵庫 효고	京都 교토	大阪 오사카
滋賀 시가	福井 후쿠이	石川 이시카와	富山 도야마
長野 나가노	新潟 니가타	群馬 군마	山形 야마가타
秋田 아키타	沖繩 오키나와		

머리말

  지금 국제화, 세계화라고 하는 무한 경쟁의 시대적 흐름 속에서 우리와 이웃하고 있는 경제대국, 기술대국 일본의 언어나 문화에 관한 전문지식을 갖추는 것은 자신의 경쟁력을 높이는 길임은 두말할 필요가 없을 것이다.

  이렇게 일본어 학습이 요구되는 상황 속에서 지금까지 수많은 일본어 교재들이 각각 나름대로의 장점과 특징을 가지고 시중에 선을 보였지만 정작 일선에서는 보다 가르치기 쉽고, 또한 배우기 쉬운 교재에 대한 요구가 계속되어 온 것도 사실이다.

  본 교재는 이러한 요구에 조금이나마 부응하고자 **실제 생활에서 많이 사용하는 어휘와 문형들을 중심으로 구성**하여 이들을 익히면 바로 일상생활 회화가 가능할 수 있도록 하는데 중점을 두었다.

  교재의 구성은 1권과 2권 두 권으로 이루어져 있으며, 각각 10과로 구성되어 있다.

  1권은, 먼저 일본어 문자와 발음을 정확하게 익히게 하고, 꼭 필요한 어휘와 기초적인 문법을 체계적으로 구성하여 기본적인 문형 표현들을 집중 터득하게 함으로서 자연스럽게 회화, 작문 공부에 연결되도록 하였다. 2권은 1권에서 터득한 기초 실력을 바탕으로 보다 복잡한 활용이 요구되는 다양한 응용 표현들로 구성하여 회화능력과 작문능력을 동시에 키우는데 역점을 두었다.

  따라서 본 교재를 마지막 단계까지 성실하게 공부를 한다면 체계적인 문법 실력을 바탕으로 일본어 읽기는 물론이고 중급수준에 가까운 쓰기, 말하기가 가능할 것이다.

  마지막으로 본 교재를 충분히 활용하여 일본어를 체계적으로 학습함으로서 각자의 원하는 목표를 이룰 수 있기를 바라는 바이다.

차례

일본어 문자와 발음 007

일본음식

일본
알기

📷 会席料理 - 일본음식을 대표하는 코스요리

📷 寿司(초밥)와 うどん(우동)

일본
마츠리

📷 祇園祭り・京都(기온 마츠리 교토)
 ─ 天神祭り(오오사카 텐진 마츠리), 神田祭り(동경 간다 마츠리)와 더불어 일본 3대 마츠리

📷 (상) 北海道 雪祭り─세계적인 눈 축제
   (좌) 北海道 札幌 大通り公園 ─ 삿뽀로 오도리공원

일본
하코네/
호수동상

📷 箱根 芦ノ湖(하코네 아시노코)
― 화산폭발로 생긴 청정한 칼데라 호수

📷 箱根 地獄谷(하코네 지옥의 계곡)

📷 秋田県 田沢湖(아키타현 타자와호)의 타츠코 동상

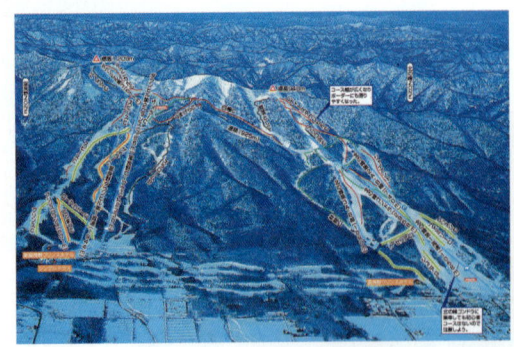 

📷 北海道 富良野 スキー場(홋카이도 후라노 스키장)

📷 北海道 函館 夜景(홋카이도 하코다테 야경)
ー 세계 3대 야경(나폴리, 홍콩, 하코다테)

일본어의 문자와 발음

일본어의 문자는 가나 문자라고 하며 히라가나(平仮名)와 가타카나(片仮名), 한자(漢字)를 병행해서 사용하는 것이 일반적이다. 이 가나 문자를 일정한 순서에 따라 5자씩 10개의 행으로 배열해 놓은 도표를 일본어의 5십음도(五十音)라 하고, 같은 모음으로 배열한 5단과 같은 자음으로 배열한 10행으로 이루어져 있다. 특히, 가타카나는 외래어를 표현할 때와 의성어, 의태어, 강조하고 싶은 말에 쓰인다.

50音図

	あ단 (a모음) 히라가나	가타카나	발음	い단 (i모음) 히라가나	가타카나	발음	う단 (u모음) 히라가나	가타카나	발음	え단 (e모음) 히라가나	가타카나	발음	お단 (o모음) 히라가나	가타카나	발음
あ행	あ	ア	a	い	イ	i	う	ウ	u	え	エ	e	お	オ	o
か행	か	カ	ka	き	キ	ki	く	ク	ku	け	ケ	ke	こ	コ	ko
さ행	さ	サ	sa	し	シ	shi	す	ス	su	せ	セ	se	そ	ソ	so
た행	た	タ	ta	ち	チ	chi	つ	ツ	tsu	て	テ	te	と	ト	to
な행	な	ナ	na	に	ニ	ni	ぬ	ヌ	nu	ね	ネ	ne	の	ノ	no
は행	は	ハ	ha	ひ	ヒ	hi	ふ	フ	hu	へ	ヘ	he	ほ	ホ	ho
ま행	ま	マ	ma	み	ミ	mi	む	ム	mu	め	メ	me	も	モ	mo
や행	や	ヤ	ya				ゆ	ユ	yu				よ	ヨ	yo
ら행	ら	ラ	ra	り	リ	ri	る	ル	ru	れ	レ	re	ろ	ロ	ro
わ행	わ	ワ	wa										を	ヲ	wo

ん	n

1

청음(清音)

1 母音 모음

あ行   あ ^a   い ⁱ   う ^u   え ^e   お ^o

 |  |  |

愛 사랑	青い 파랗다	いい 좋다	言う 말하다

家 집　　　上 위　　　絵 그림　　　おい 조카

2 子音 자음

か行 か ^{ka}　き ^{ki}　く ^{ku}　け ^{ke}　こ ^{ko}

蚊 모기	顔 얼굴	過去 과거	木 나무

赤い 빨갛다　　秋 가을　　毛 털　　恋 사랑　　声 소리　　ここ 여기

さ行 さ ^{sa}　し ^{shi}　す ^{su}　せ ^{se}　そ ^{so}

坂 언덕	酒 술	足 발	汗 땀

傘 우산　　塩 소금　　酢 식초　　すいか 수박　寿司 초밥　　そこ 거기

8 스마트
일본어 1

た行　た ta　ち chi　つ tsu　て te　と to

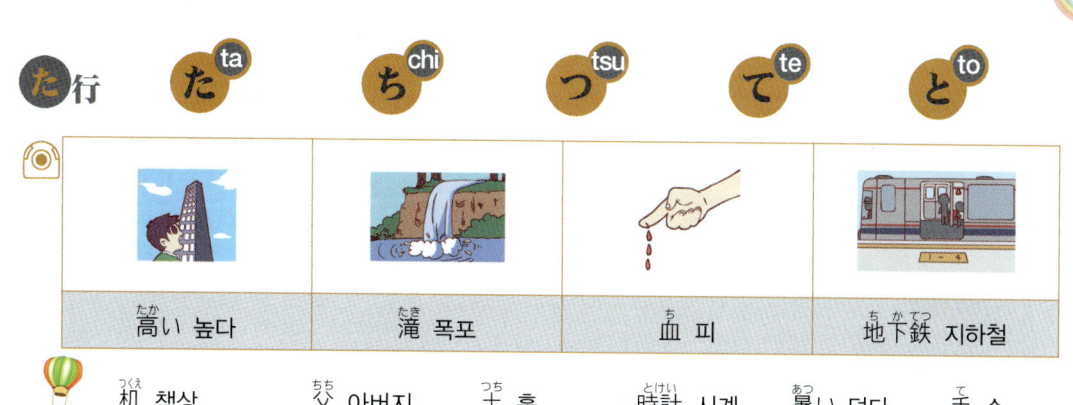

| 高い 높다 | 滝 폭포 | 血 피 | 地下鉄 지하철 |

机 책상　　父 아버지　　土 흙　　時計 시계　　暑い 덥다　　手 손

な行　な na　に ni　ぬ nu　ね ne　の no

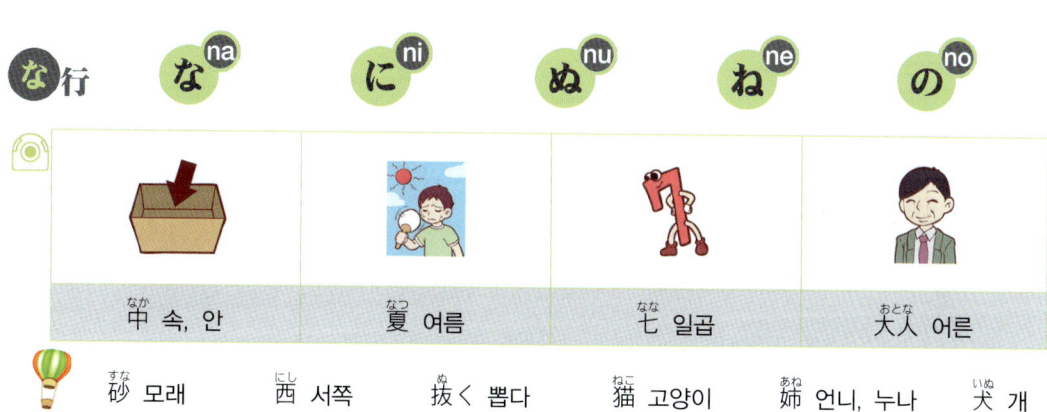

| 中 속, 안 | 夏 여름 | 七 일곱 | 大人 어른 |

砂 모래　　西 서쪽　　抜く 뽑다　　猫 고양이　　姉 언니, 누나　　犬 개

は行　は ha　ひ hi　ふ hu　へ he　ほ ho

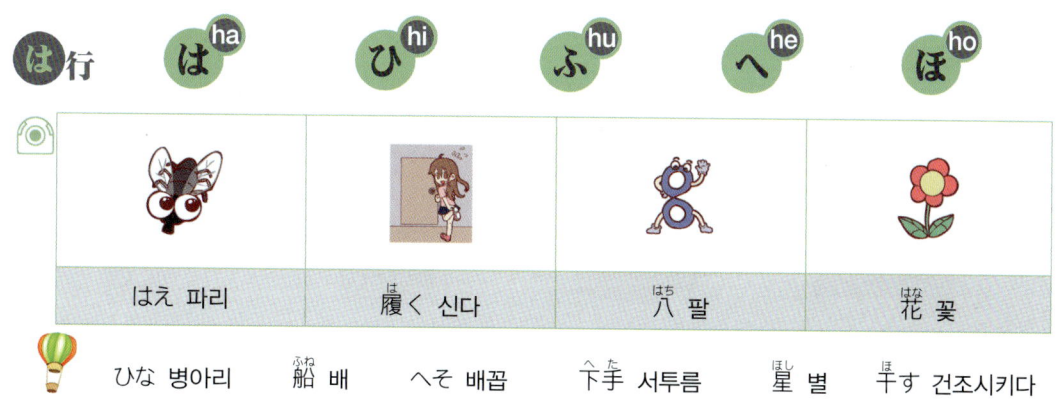

| はえ 파리 | 履く 신다 | 八 팔 | 花 꽃 |

ひな 병아리　　船 배　　へそ 배꼽　　下手 서투름　　星 별　　干す 건조시키다

9

ま行 **ま** ma **み** mi **む** mu **め** me **も** mo

前 앞	街 거리	真似 흉내	熊 곰

店 가게　　虫 벌레　　耳 귀　　息子 아들　　目 눈　　豆 콩

ら行 **ら** ra **り** ri **る** ru **れ** re **ろ** ro

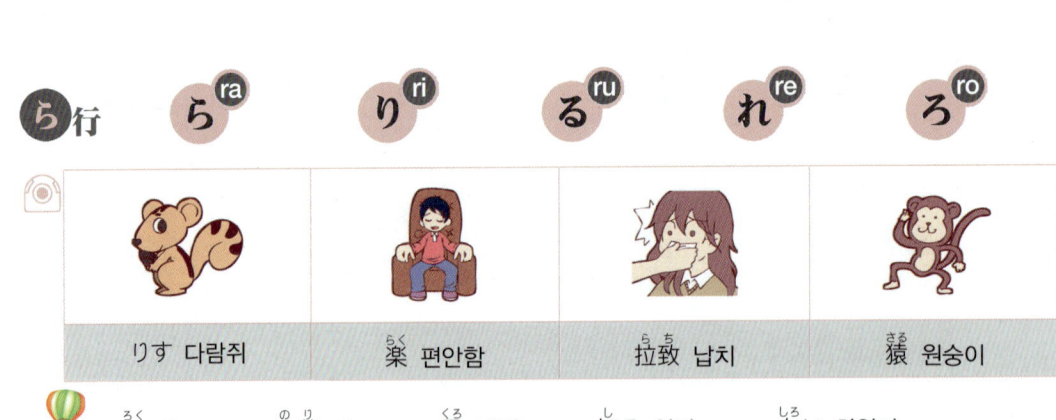

りす 다람쥐	楽 편안함	拉致 납치	猿 원숭이

六 육　　海苔 김　　黒 검정　　知る 알다　　白い 하얗다

3 半母音 반모음

や行 **や** ya **ゆ** yu **よ** yo

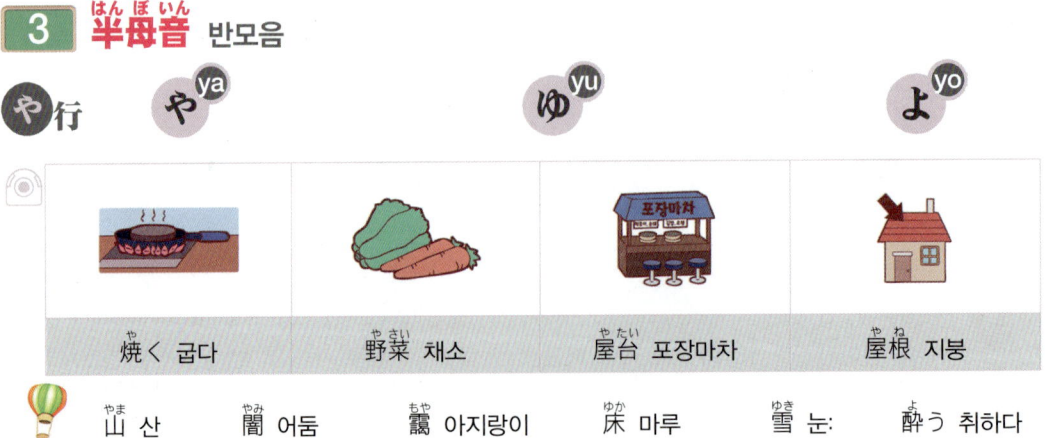

焼く 굽다	野菜 채소	屋台 포장마차	屋根 지붕

山 산　　闇 어둠　　靄 아지랑이　　床 마루　　雪 눈：　　酔う 취하다

わ行　わ ^{wa}　　　　　　　　　　　　　　　　　　　　　を ^{wo}

私（わたし） 나	私（わたし）を 나를	賄賂（わいろ） 뇌물	賄賂（わいろ）を 뇌물을

 泡（あわ） 거품　　岩（いわ） 바위　　川（かわ） 강　　庭（にわ） 정원　　枠（わく） 테두리　　渡（わた）す 건네다

2　濁音（だくおん）(탁음)・半濁音（はんだくおん）(반탁음)

	あ단 (a모음)			い단 (i모음)			う단 (u모음)			え단 (e모음)			お단 (o모음)		
	히라가나	가타카나	발음	히라가나	가타카나	발음	히라가나	가타카나	발음	히라가나	가타카나	발음	히라가나	가타카나	발음
が행	が	ガ	ga	ぎ	ギ	gi	ぐ	グ	gu	げ	ゲ	ge	ご	ゴ	go
ざ행	ざ	ザ	za	じ	ジ	ji	ず	ズ	zu	ぜ	ゼ	ze	ぞ	ゾ	zo
だ행	だ	ダ	da	ぢ	ヂ	ji	づ	ヅ	zu	で	デ	de	ど	ド	do
ば행	ば	バ	ba	び	ビ	bi	ぶ	ブ	bu	べ	ベ	be	ぼ	ボ	bo
ぱ행	ぱ	パ	pa	ぴ	ピ	pi	ぷ	プ	pu	ぺ	ペ	pe	ぽ	ポ	po

が行

が^{ga}　ぎ^{gi}　ぐ^{gu}　げ^{ge}　ご^{go}

| <ruby>学生<rt>がくせい</rt></ruby> 학생 | <ruby>科学<rt>かがく</rt></ruby> 과학 | <ruby>鏡<rt>かがみ</rt></ruby> 거울 | <ruby>義務<rt>ぎむ</rt></ruby> 의무 |

 <ruby>怪我<rt>けが</rt></ruby> 상처　<ruby>銀行<rt>ぎんこう</rt></ruby> 은행　<ruby>泳<rt>およ</rt></ruby>ぐ 수영하다　<ruby>下駄<rt>げた</rt></ruby> 나막신　<ruby>元気<rt>げんき</rt></ruby> 건강　<ruby>午後<rt>ごご</rt></ruby> 오후

ざ行

ざ^{za}　じ^{ji}　ず^{zu}　ぜ^{ze}　ぞ^{zo}

| ざる 소쿠리 | <ruby>地震<rt>じしん</rt></ruby> 지진 | <ruby>水<rt>みず</rt></ruby> 물 | <ruby>風<rt>かぜ</rt></ruby> 바람 |

 <ruby>挫折<rt>ざせつ</rt></ruby> 좌절　<ruby>事故<rt>じこ</rt></ruby> 사고　<ruby>頭脳<rt>ずのう</rt></ruby> 두뇌　<ruby>銭<rt>ぜに</rt></ruby> 잔돈　<ruby>象<rt>ぞう</rt></ruby> 코끼리　<ruby>雑煮<rt>ぞうに</rt></ruby> 일본떡국

だ行

だ^{da}　ぢ^{ji}　づ^{zu}　で^{de}　ど^{do}

| <ruby>誰<rt>だれ</rt></ruby> 누구 | <ruby>鼻血<rt>はなぢ</rt></ruby> 코피 | <ruby>窓<rt>まど</rt></ruby> 창문 | <ruby>小包<rt>こづつみ</rt></ruby> 소포 |

 <ruby>続<rt>つづ</rt></ruby>く 계속되다　<ruby>出<rt>で</rt></ruby>る 나가다　<ruby>泥<rt>どろ</rt></ruby> 진흙　どろぼう 도둑

ば<ruby>行<rt></rt></ruby> ば^{ba} び^{bi} ぶ^{bu} べ^{be} ぼ^{bo}

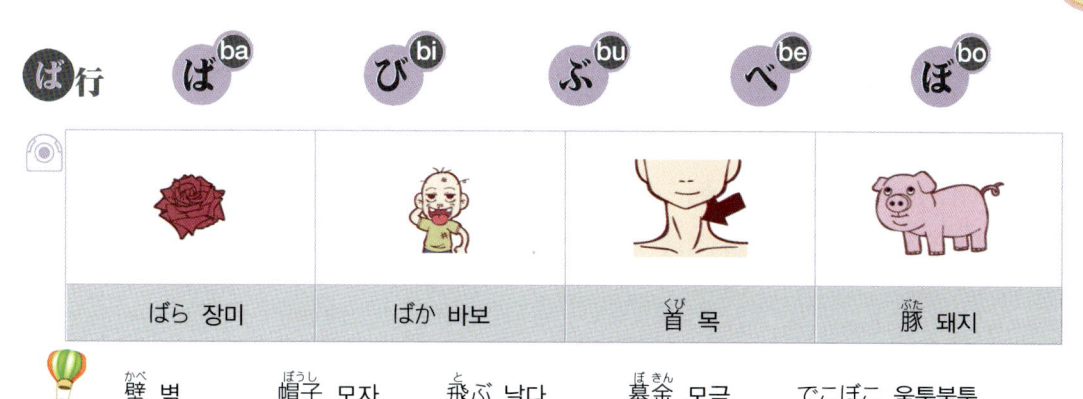

ばら 장미	ばか 바보	首 목	豚 돼지

壁 벽　　　帽子 모자　　　飛ぶ 날다　　　募金 모금　　　でこぼこ 울퉁불퉁

2 半濁音 반탁음

ぱ<ruby>行<rt></rt></ruby> ぱ^{pa} ぴ^{pi} ぷ^{pu} ぺ^{pe} ぽ^{po}

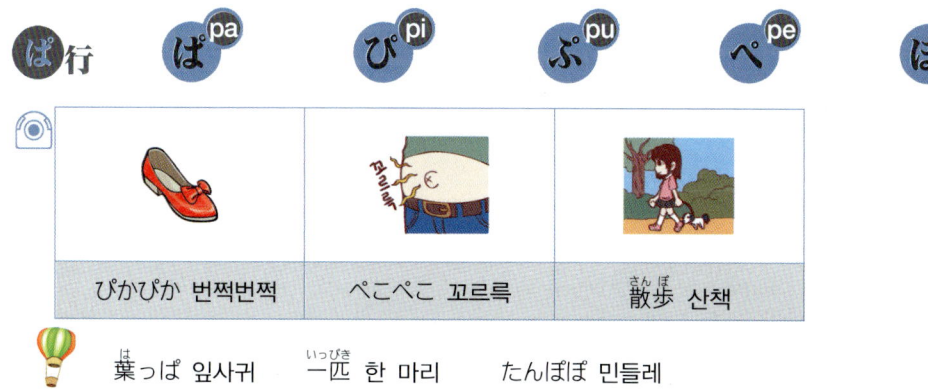

ぴかぴか 번쩍번쩍	ぺこぺこ 꼬르륵	散歩 산책

葉っぱ 잎사귀　　　一匹 한 마리　　　たんぽぽ 민들레

3 拗音 (요음)

い단(i모음)에서 'い'를 제외한 'き、ぎ、し、じ、ち、に、ひ、び、ぴ、み、り'의 자음 오른 쪽 옆에 반모음 'や、ゆ、よ'를 작게 붙여 쓴다. 본래의 박자는 없어지고 앞 자음과 결합하여 한 박자의 음으로 발음한다.

あ단 (a모음)			う단 (u모음)			お단 (o모음)		
히라가나	가타카나	발음	히라가나	가타카나	발음	히라가나	가타카나	발음
きゃ	キャ	kya	きゅ	キュ	kyu	きょ	キョ	kyo
しゃ	シャ	sya	しゅ	シュ	syu	しょ	ショ	syo
ちゃ	チャ	cha	ちゅ	チュ	chu	ちょ	チョ	cho
にゃ	ニャ	nya	にゅ	ニュ	nyu	にょ	ニョ	nyo
ひゃ	ヒャ	hya	ひゅ	ヒュ	hyu	ひょ	ヒョ	hyo
みゃ	ミャ	mya	みゅ	ミュ	myu	みょ	ミョ	myo
りゃ	リャ	rya	りゅ	リュ	ryu	りょ	リョ	ryo
ぎゃ	ギャ	gya	ぎゅ	ギュ	gyu	ぎょ	ギョ	gyo
じゃ	ジャ	ja	じゅ	ジュ	ju	じょ	ジョ	jo
びゃ	ビャ	bya	びゅ	ビュ	byu	びょ	ビョ	byo
ぴゃ	ピャ	pya	ぴゅ	ピュ	pyu	ぴょ	ピョ	pyo

客 손님

九 9

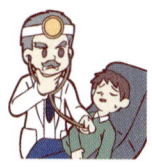

医者 의사

主婦 주부

秩序 질서

お茶 차

百 백

ヒューズ 퓨즈

脈 맥

ミュージカル 뮤지컬

略字 약자

留学 유학

三百 삼백

病院 병원

教室 교실　　　逆 거꾸로

牛肉 소고기　　業界 업계

場所 장소　　　患者 환자

重要 중요　　　注意 주의

著作権 저작권　表 표

妙技 묘기　　　旅行 여행

4  促音 (족음 : っ)

우리말의 「ㄱ,ㅅ,ㄷ,ㅂ」과 같은 **막힌 받침역할**을 하며 'つ'자를 작게 'っ'로 적는다.
한편, 한 박자의 길이를 가지고 있으며 뒤에 오는 자음 소리를 그대로 따른다.

1 「ㄱ」 목구멍을 막고 내는 소리

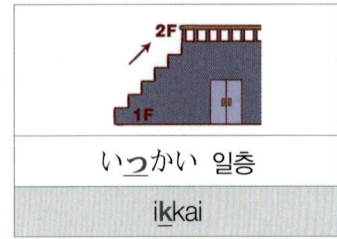

いっかい 일층	がっき 악기
ikkai	gakki

けっか 결과
kekka

ほっかいどう 북해도
hokkaido

2 「ㅅ,ㄷ」 혀로 입천장을 막아서 내는 소리

じっさい 실제	けっせき 결석
zissai	kesseki

きって 우표
kitte

はってん 발전
hatten

3 「ㅂ」 입술을 닫고 내는 소리

きっぷ 티켓	いっぱい 가득, 한잔	しっぱい 실수, 실패
kippu	ippai	sippai

 はかい(3박) : はっかい(4박),　せけん(3박) : せっけん(4박),　きて(2박) : きって(3박)

5  撥音 (발음 : ん)

우리말의 「ㅁ, ㄴ, ㅇ, N('ㄴ'과 'ㅇ'의 중간 음)」과 같은 울리는 받침역할을 하며 한 박자의 길이를 가진다. 뒤에 오는 음의 발성위치를 따른다.

1 「ㅁ」ま、ば、ぱ행 앞에서 'm'(입술을 닫고 울려서 내는 소리)로 난다.

さ**ん**ぽ 산책	sa**m**po

え**ん**ぴつ 연필	e**m**pitsu

う**ん**めい 운명	u**m**me :

2 「ㄴ」ざ、た、だ、な、ら행 앞에서 'n'(혀로 천장을 닫고 울려서 내는 소리)로 난다.

せ**ん**たく 세탁	se**n**taku

あ**ん**ない 안내	a**n**nai

べ**ん**り 편리
be**n**ri

か**ん**じ 한자
ka**n**zi

3 「ㅇ」か、が행 앞에서 'ŋ'(목구멍을 막고 울려서 내는 소리)로 난다.

お**ん**がく 음악	o**ŋ**gaku

ぶ**ん**か 문화	bu**ŋ**ka

り**ん**ご 사과
ri**ŋ**go

て**ん**き 날씨
te**ŋ**ki

4 「N」さ、あ、は、や、わ행 앞과 단어 끝에서 'ㄴ'과 'ㅇ'의 중간 음으로 난다.

ほ**ん**や 서점	ho**N**ya

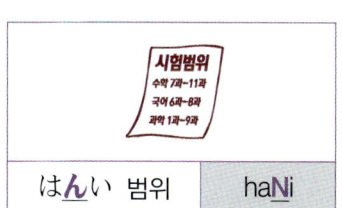

は**ん**い 범위	ha**N**i

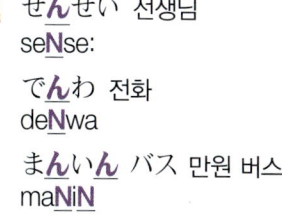
せ**ん**せい 선생님
se**N**se :

で**ん**わ 전화
de**N**wa

ま**ん**いん バス 만원 버스
ma**N**iN

17

 しん**ぶん** (simbuN 신문) → しんぶ**ん**も (simbummo 신문도)

しんぶ**ん**と (simbunto 신문과)

しんぶ**ん**が (simbuŋga 신문이)

しんぶ**ん**を (simbuNo 신문을)

6 長音 (장음)

앞 글자의 모음을 한 박자 길게 발음 한다.

히라가나에서는 'あ、い、う、え、お'로 표기하고 가타카나는 'ー'로 표기한다.

あ단 (a모음) + **あ**

| おか**あ**さん | 어머니 |

 おば**あ**さん 할머니
*おばさん 아주머니

い단 (i모음) + **い**

| ち**い**さい | 작다 |

 おじ**い**さん 할아버지
*おじさん 아저씨

う단 (u모음) + **う**

| ふ**う**ふ | 부부 |

 く**う**き 공기
す**う**がく 수학

え단 (e모음) + **え、い**

| ケーキ | 케이크 |

 おね**え**さん 언니, 누나
け**い**ざい 경제

お단 (o모음) + **お、う**

| そ**う**じ | 청소 |

 お**おき**い 크다
きょ**う**み 흥미

체계적인 문법과
실용회화를 동시에 마스터하는

스마트 일본어1

STEP 01 はじめまして

:1:

木村　はじめまして。木村と 申します。どうぞ よろしく。

キム　はじめまして。私は 金です。

　　　こちらこそ、どうぞ よろしく お願いします。

木村　キムさんは 韓国の 留学生ですか。

キム　はい、そうです。木村さんは 先生ですか。

木村　いいえ、先生じゃ ありません。大学院生です。

　　　失礼ですが、キムさんの 専攻は 何ですか。

キム　経済学です。

:2:

先生（せんせい）	おはようございます。
ユン	おはようございます。
先生	あなたの お名前（なまえ）は。
ユン	私（わたし）は ユン・ヒジンです。よろしく お願いします。
先生	ユンさんは 東京（とうきょう）は はじめてですか。
ユン	はい、はじめてです。
先生	キムさんも はじめてですか。
キム	いいえ、私は はじめてじゃ ありません。二回目（にかいめ）です。
先生	今（いま） 何年生（なんねんせい）ですか。
キム	私は 大学 2年生です。
先生	では、新入生（しんにゅうせい）じゃ ありませんね。

문법노트

文法1

보통형		정중형	
긍정형	부정형	긍정형	부정형
本だ	本では ない	本です	本では ありません

文法2

1:
～は ～です	～은(는)～ 입니다.	서술문

❶ 私は 医者です。

❷ チェさんは 韓国の 留学生です。

❸ 専攻は 経済学です。

2:
～は ～ですか	～은(는) ～ 입니까?	의문문
はい、そうです	예, 그렇습니다.	
いいえ、～では ありません	아니오, ～이(가) 아닙니다.	

❶ 木村さんは 先生ですか。

　　はい、そうです。

　　いいえ、先生では ありません。大学院生です。

❷ 田中さんは 小説家ですか。

　　はい、そうです。

　　いいえ、そうじゃ ありません。医者です。

❸ あなたは 銀行員ですか。

　　はい、そうです。

　　いいえ、私は 会社員です。

3:
～も	～도	첨가

❶ キムさんも はじめてですか。

　　はい、私も はじめてです。

　　いいえ、私は はじめてじゃ ありません。

❷ 田中さんも 学生ですか。

　　はい、私も 学生です。

❸ ユンさんも 2年生ですか。

　　いいえ、私は 2年生じゃ ありません。

연습문제

01 다음을 일본어로 고치시오.

❶ 나는 한국 유학생입니다.

⇨ _____

❷ 金씨도 중국인입니까?

⇨ _____

❸ 아니오, 나는 한국인입니다.

⇨ _____

❹ 木村씨도 대학생입니까?

⇨ _____

❺ 예, 저도 대학생입니다.

⇨ _____

❻ 일본은 처음이 아닙니다.

⇨ _____

❼ 그러면 신입생이 아니군요.

⇨ _____

❽ 田中씨는 선생님입니까?

⇨ _____

❾ 예, 그렇습니다.

⇨ _____

❿ 전공은 무엇입니까?

⇨ _____

:1:

はじめまして 처음 뵙겠습니다   ～と 申します ～라고 합니다

よろしく お願いします 잘 부탁드립니다   私 나(저)

～は ～은(는)   ～です ～입니다   こちらこそ 저(이 쪽)야말로

どうぞ 모쪼록   ～の ～의   留学生 유학생

～か ～까   はい 예   そうです 그렇습니다

～さん ～씨   先生 선생님   いいえ 아니요

～じゃ ありません ～이(가) 아닙니다   大学院生 대학원생

失礼ですが 실례입니다만   専攻 전공   何(何) 무엇

経済学 경제학

:2:

おはようございます 아침인사   あなた 당신   名前 이름

～も ～도   二回目 두 번째   今 지금

では(じゃ) 그러면   新入生 신입생

📖 문법노트 : 🖋 연습문제

本 책   医者 의사   小説家 소설가   銀行員 은행원

会社員 회사원   中国人 중국인

🌸 何年生(몇 학년)ですか。

一年生	二年生	三年生	四年生	五年生	六年生

🌸 数字の読み方(숫자읽기)

1	いち	10	じゅう	100	ひゃく
2	に	20	にじゅう	200	にひゃく
3	さん	30	さんじゅう	300	さんびゃく
4	よん、し	40	よんじゅう	400	よんひゃく
5	ご	50	ごじゅう	500	ごひゃく
6	ろく	60	ろくじゅう	600	ろっぴゃく
7	なな、しち	70	ななじゅう	700	ななひゃく
8	はち	80	はちじゅう	800	はっぴゃく
9	きゅう、く	90	きゅうじゅう	900	きゅうひゃく
0	ゼロ、 れい(零)、 まる(丸)				

🌸 응용단어

新入生 신입생	会社員 회사원	銀行員 은행원	公務員 공무원
主婦 주부	医者 의사	小説家 소설가	弁護士 변호사
教授 교수	デザイナー 디자이너	サラリーマン 샐러리맨	研修生 연수생
経済学 경제학	文学 문학	数学 수학	法律学 법학
工学 공학	物理学 물리학		

🌸 일본의 교육과정

保育園 보육원	幼稚園 유치원	小学校 초등학교	中学校 중학교
高校 고등학교(高等学校)	専門学校 전문학교		短期大学 단기(전문)대학
大学 대학교	大学院 대학원	修士 석사	博士 박사

🌸 挨拶(인사)

おはようございます。	아침인사	失礼します。	실례하겠습니다
こんにちは。	점심인사	すみません。	미안합니다
こんばんは。	저녁인사	ありがとうございます。	감사합니다
おやすみなさい。	안녕히 주무세요	どういたしまして。	천만에요

それは 私の 携帯です

ス마트
일본어1

:1:

石井   これは 何ですか。

チェ   それは 携帯電話です。

石井   これは チェさんの 携帯電話ですか。

チェ   はい、そうです。それは 私の 携帯です。

石井   あれも あなたの かばんですか。

チェ   いいえ、あれは 私の かばんじゃ ありません。

石井   じゃ、だれのですか。

チェ   携帯は 私ので、かばんは 私の 友達のです。

石井　その 雑誌は だれのですか。

チェ　これは ユンさんの 雑誌です。

石井　あの 英語の 辞書も ユンさんのですか。

チェ　いいえ、あれは ユンさんのでは ありません。

石井　では、チェさんのですか。

チェ　いいえ、私の 辞書でも ありません。

　　　あの 辞書は 日本語の 先生のです。

石井　じゃ、チェさんの 本は どれですか。

チェ　私の 本は あれです。

文法1 지시대명사

	근칭	중칭	원칭	의문칭
사물	これ	それ	あれ	どれ
장소	ここ	そこ	あそこ	どこ
방향	こちら / こっち	そちら / そっち	あちら / あっち	どちら / どっち
사람	この 人(ひと)	その 人(ひと)	あの 人(ひと)	どの 人(ひと)

こ(이)、そ(그)、あ(저)、ど(어느)

	근칭	중칭	원칭	의문칭
연체사(지시사)	この	その	あの	どの
연체사(형용사)	こんな	そんな	あんな	どんな
부사	こう	そう	ああ	どう

인칭대명사

1인칭	2인칭	3인칭	의문칭	부정칭
私 / 僕(ぼく) / 俺(おれ)	あなた / 君(きみ) / お前(まえ)	彼(かれ) / 彼女(かのじょ)	誰(だれ) / どなた	誰(だれ)か / どなたか

文法2 1 : | ～は 何ですか   ～은(는) 무엇입니까?   의문사 의문문 |

❶ これは 何ですか。
　それは かばんです。

❷ それは 何ですか。
　これは 本です。

❸ 日本語の 本は どれですか。
　これです。

2:

～の	～의	소유・소속

❶ これは チェさんの 携帯電話ですか。

　はい、それは 私の 携帯です。

　いいえ、それは 私の 携帯じゃ ありません。

❷ これは 誰^{だれ}の かばんですか。

　それは 私の かばんです。

❸ それは あなたの 財布^{さいふ}ですか。

　いいえ、これは 私の 財布じゃ ありません。

3:

～も ～ですか	～도～입니까?
いいえ、～は ～じゃ ありません	아니오, ～은 ～이(가)아닙니다.

❶ これも あなたの かばんですか。

　いいえ、それは 私の かばんじゃ ありません。

❷ それも ノートですか。

　はい、これも ノートです。

❸ あれも コンピューターですか。

　いいえ、あれは コンピューターじゃ ありません。

4:

～のです	～의 것입니다.

❶ その 雑誌は だれのですか。

　これは ユンさんのです。

❷ この 辞書は 先生のですか。

　いいえ、それは 先生のじゃ ありません。

❸ チェさんのは どれですか。

　私のは あれです。

5:

~で、~です	~(이)고 ~입니다.	중지형

❶ かばんは 私ので、携帯は 私の 友達のです。

❷ これは ノートで、 それは 消_{けし}ゴムです。

❸ チェさんは 韓国人で、石井さんは 日本人です。

❹ 時計_{とけい}は これで、お皿_{さら}は あれです。

6:

~でも ありません	~도 아닙니다.

❶ キムさんは 会社員でも ありません。

❷ これは ユンさんの かばんでも ありません。

❸ あれは 本でも 雑誌でも ありません。

あれは 辞書です。

연 습 문 제

01 다음과 같이 활용해 보세요.

> それも 本ですか。
> → はい、これも 本です。
> → いいえ、これは 本じゃ ありません。

❶ 鉛筆(えんぴつ) ⇨ _____

⇨ _____

❷ 教科書(きょうかしょ) ⇨ _____

⇨ _____

❸ 英語(えいご)の 辞書(じしょ) ⇨ _____

⇨ _____

❹ 先生(せんせい)の 時計(とけい) ⇨ _____

⇨ _____

02 다음과 같이 활용해 보세요.

> あれも あなたの 財布(さいふ)ですか。
> → いいえ、あれは 私のじゃ ありません。友達のです。

❶ コンピューター

⇨ _____

❷ 帽子(ぼうし)

⇨ _____

❸ 机

⇨ _____

❹ 自転車

⇨ _____

03 다음을 일본어로 고치시오

❶ 이것은 뭐예요?

⇨ _____

❷ 그것은 알람시계입니다.

⇨ _____

❸ 저것도 일본어 사전인가요?

⇨ _____

❹ 예, 저것도 일본어 사전입니다.

⇨ _____

❺ 선생님 책은 이것이 아닙니다.

⇨ _____

❻ 그 지우개는 내 것 입니다.

⇨ _____

❼ 이 휴대폰은 木村씨 것이고, 그 시계는 선생님 것입니다.

⇨ _____

❽ 내 책은 이것도 그것도 아닙니다. 내 것은 저것입니다.

⇨ _____

❾ 저것은 누구 지갑입니까?

⇨ _____

❿ 저것은 제 친구 것이 아닙니다.

⇨ _____

단어정리

:1:

誰 누구	これ 이것	それ 그것
かばん 가방	あれ 저것	携帯電話 휴대폰
～ので、 ～것 이고		

:2:

その 그	雑誌 잡지	あの 저
英語 영어	辞書 사전	～のです ～것 입니다
～でも ありません ～도 아닙니다	日本語 일본어	どれ 어느 것

문법노트

ノート 노트	コンピューター 컴퓨터	財布 지갑
友達 친구	消ゴム 지우개	韓国人 한국인
日本人 일본인	時計 시계	お皿 접시

연습문제

鉛筆 연필	教科書 교과서	英語 영어
机 책상	自転車 자전거	目覚し時計 알람시계

🌐 国名(こくめい)

地球(ちきゅう) 지구	大陸(たいりく) 대륙	外国(がいこく) 외국
韓国(かんこく) 한국	日本(にほん) 일본	中国(ちゅうごく) 중국
台湾(たいわん) 대만	ドイツ 독일	フランス 프랑스
米国(べいこく)/アメリカ 미국	英国(えいこく)/イギリス 영국	ロシア 러시아
オーストラリア 오스트레일리아	ポルトガル 포르투갈	オランダ 네덜란드
アジア 아시아	アフリカ 아프리카	ヨーロッパ 유럽

韓国語(かんこくご) 한국어	スペイン語(ご) 스페인어	日本語(にほんご) 일본어
フランス語(ご) 프랑스어	中国語(ちゅうごくご) 중국	ドイツ語(ご) 독일어
英語(えいご) 영어		

🌐 응용단어

文房具(ぶんぼうぐ) 用品(ようひん) 문방구 용품	手帳(てちょう) 수첩	紙(かみ) 종이
コピー用紙(ようし) 복사용지	封筒(ふうとう) 봉투	のり 풀
ボールペン 볼펜	鉛筆(えんぴつ) 연필	修正液(しゅうせいえき) 수정 액
セロテープ 스카치테이프	はさみ 가위	クリップ 클립
シャープペンシル 샤프펜슬	消ゴム(けし) 지우개	カッター 커트
ホチキス(ホッチキス) 호치키스	ノート 노트	定規(じょうぎ)(物差し(ものさ)) 자
ホワイトボード 화이트보드		

韓日辞書(かんにちじしょ) 한일사전	日韓辞書(にっかんじしょ) 일한사전	雑誌(ざっし) 잡지
教科書(きょうかしょ) 교과서	参考書(さんこうしょ) 참고서	時計(とけい) 시계

MEMO NOTE

STEP 03
学校から あまり 遠く ありません

<small>스마트 일본어 1</small>

🎧 :1

キム	今日は 天気が いいですね。
鈴木	そうですね。いい お天気ですね。
キム	あの タワーは 何ですか。
鈴木	あれは 東京タワーです。
キム	あれが 有名な 東京タワーですか。 写真より 大きくて 立派ですね。

鈴木	そうでしょう。小説と 映画でも 有名です。 ところで、留学生の 寮は 学校から 遠いですか。
キム	いいえ、あまり 遠く ありません。すぐ となりです。
鈴木	それは いいですね。

소설(2005) 江国香織 지음　　영화(2005) 源 孝志 감독

鈴木　留学生の　寮は　とても　静かですね。

キム　ええ、周りに　木が　多くて　空気も　さわやかです。

鈴木　学生食堂の　食事は　どうですか。

キム　とても　おいしいです。

　　　でも、食事の　量が　少なくて　あまり　よく　ありませんね。

鈴木　サービスは　どうですか。親切ですか。

キム　いいえ、あまり　親切じゃ　ありません。

鈴木　学生寮は　どんな　部屋ですか。

キム　静かで　明るい　部屋です。

鈴木　広いですか。

キム　いいえ、広くも　狭くも　ないです。ちょうど　いいです。

鈴木　キムさんは　日本語が　お上手ですね。

キム　どうも。でも、まだ　まだです。

문 법 노 트

文法1

	보통형		정중형		중지형	연체형
	긍정형	부정형	긍정형	부정형		
い 형용사	大きい	大きく ない	大きいです	大きく ないです 大きく ありません	大きくて	大きい かばん
な 형용사	親切だ	親切では ない	親切です	親切では ないです 親切では ありません	親切で	親切な 人

文法2

1:

> ~は ~いですか　　　　　　　　　　　　　　　　い형용사문
> 　はい、~いです
> 　いいえ、~く ありません

❶ 留学生の 寮は 学校から 遠いですか。
　はい、遠いです。
　いいえ、あまり 遠く ありません。

❷ これは おいしいですか。
　はい、とても おいしいです。
　いいえ、おいしく ありません。

❸ 天気は どうですか。
　とても いいです。
　あまり よく ないです。

2:

> ~は ~ですか　　　　　　　　　　　　　　　　　な형용사문
> 　はい、~です
> 　いいえ、~じゃ ありません

❶ あの 人は まじめですか。
　はい、とても まじめです。
　いいえ、あまり まじめじゃ ありません。

❷ 図書室は どうですか。
　とても 静かです。
　あまり 静かじゃ ありません。

3:

| ~い + 명사 | い형용사의 연체형 |
| ~な + 명사 | な형용사의 연체형 |

❶ いい お天気ですね。
❷ 石井さんは とても 優しい 人です。
❸ あれが 有名な 東京タワーですか。
❹ 綺麗な お花ですね。

4:

| ~くて ~です | ~고~입니다. | い형용사의 중지형 |
| ~で ~です | | な형용사의 중지형 |

❶ 学生寮は どんな 部屋ですか。
　 静かで 明るい 部屋です。
❷ この かばんは 安くて 軽いです。
❸ 彼は 優しくて まじめな 人です。
❹ 横浜は 素敵で きれいな 街です。

5:

| ~くて | ~(해)서 | 원인·이유 |

❶ 食事の 量が 少なくて あまり よく ありませんね。
❷ 駅から 遠くて とても 不便です。
❸ この かばんは 軽くて いいです。
❹ ここは きれいで 気持が いいです。

6:

| ~くも ~くも ないです | ~(지)도 ~(지)도 않습니다. い형용사의 양자부정 |
| ~でも ~でも ないです | な형용사의 양자부정 |

❶ あまり 広くも 狭くも ないです。ちょうど いいです。
❷ その かばんは 大きくも 小さくも ないです。
❸ 彼は 親切でも まじめでも ありません。
❹ この 喫茶店は あまり きれいでも 静かでも ないですね。

연 습 문 제

01 다음과 같이 활용해 보세요.

> 大きい → 大きいです → 大きく ないです → 大きく ありません
> 親切だ → 親切です → 親切じゃ ないです → 親切じゃ ありません

❶ 明るい ⇨ _____

❷ 軽い ⇨ _____

❸ 強い ⇨ _____

❹ いい ⇨ _____

❺ 好きだ ⇨ _____

❻ 派手だ ⇨ _____

❼ 十分だ ⇨ _____

❽ 得意だ ⇨ _____

02 다음과 같이 활용해 보세요.

> (明るい) (広い) → 明るくて 広い 部屋
> (きれいだ) (静かだ) → きれいで 静かな 部屋

❶ (長い) (丸い) テーブル

⇨ _____

❷ (安全だ) (便利だ) 電車

⇨ _____

❸ 조용하고 밝은 방

⇨ _____

❹ 넓고 깨끗한 교실

⇨ _____

❺ 높고 큰 책상

⇨ _____

❻ 예쁘고 튼튼한 구두

⇨ _____

03 다음을 일본어로 고치시오.

❶ 안색(顔色)이 좋지 않군요.

⇨ _____

❷ 일본어는 쉽고 재미있어요.

⇨ _____

❸ 이 가방은 그다지 무겁지 않아요.

⇨ _____

❹ 작고 둥근 의자(椅子)은 누구 것입니까?

⇨ _____

❺ 이 동네(町)는 깨끗하고 조용하군요.

⇨ _____

❻ 일본어 선생님은 어떠한 분(方)입니까?

⇨ _____

❼ 그는 자상하고 성실한 분입니다.

⇨ _____

❽ 가격(値段)은 비싸지도 싸지도 않네요.

⇨ _____

❾ 이곳은 교통(交通)이 편리해서 좋아요.

⇨ _____

❿ 이 휴대폰은 싸고 튼튼하군요.(丈夫だ)

⇨ _____

단어정리

:1:

~から ~(에서)부터

今日 오늘

いい 좋다

有名だ 유명하다

大きい 크다

寮 기숙사

あまり 그다지

天気 날씨

~と ~와(과)

写真 사진

立派だ 훌륭하다

遠い 멀다

遠く ありません 멀지 않습니다

~が ~이(가)

~でも ~(으)로도

~より ~보다

ところで、 그런데

すぐ となり 바로 옆

:2:

とても 굉장히, 대단히

木 나무

さわやかだ 상쾌하다

どうですか 어떻습니까?

量 양

サービス 서비스

部屋 방

~くも~くも ないです ~(지)도 ~(지)도 않습니다

上手だ 능숙하다, 잘하다

静かだ 조용하다

多くて 많고, 많아서

食堂 식당

おいしい 맛있다

少なくて 적어서

親切だ 친절하다

明るい 밝다

まだ 아직

周りに 주위에

空気 공기

食事 식사

でも 그래도, 그렇지만

よく ありませんね 좋지 않군요

どんな 어떤, 어떠한

広い 넓다

ちょうど 마침, 딱, 정각

🔖 문법노트

まじめだ 성실하다

綺麗だ 예쁘다, 깨끗하다

彼 그(남자)

駅 역

狭い 좁다

喫茶店 다방

優しい 상냥하다, 자상하다

花 꽃

素敵だ 멋지다

不便だ 불편하다

~でも~でも ありません。 ~(하)지도~(하)지도 않습니다

有名だ 유명하다

軽い 가볍다

街 거리

気持が いい 기분이 좋다

🖊 연습문제

強い 세다, 강하다

十分だ 충분하다

丸い 둥글다

便利だ 편리하다

好きだ 좋아하다

得意だ 잘한다

テーブル 테이블

丈夫だ 튼튼하다

派手だ 화려하다

長い 길다

安全だ 안전하다

靴 구두

い형용사

白(しろ)い	희다	黒(くろ)い	검다	黄色(きいろ)い	노랗다
赤(あか)い	빨갛다	青(あお)い	파랗다	危(あぶ)ない	위험하다
明(あか)るい	밝다	暗(くら)い	어둡다	大人(おとな)しい	얌전하다, 점잖다
低(ひく)い	낮다	安(やす)い	싸다	高(たか)い	비싸다, 높다
長(なが)い	길다	短(みじか)い	짧다	痛(いた)い	아프다
大(おお)きい	크다	小(ちい)さい	작다	忙(いそが)しい	바쁘다
広(ひろ)い	넓다	狭(せま)い	좁다	かゆい	가렵다
近(ちか)い	가깝다	遠(とお)い	멀다	くすぐったい	근질근질하다
軽(かる)い	가볍다	重(おも)い	무겁다	かわいい	귀엽다
強(つよ)い	강하다, 세다	弱(よわ)い	약하다	悔(くや)しい	억울(분)하다
新(あたら)しい	새롭다, 새것이다	古(ふる)い	오래되다, 낡다	おかしい	이상하다
多(おお)い	많다	少(すく)ない	적다	惜(お)しい	애석하다, 아깝다
深(ふか)い	깊다	浅(あさ)い	얕다	もったいない	아깝다
難(むずか)しい	어렵다	易(やさ)しい	쉽다	恐(おそろ)しい	두렵다
厳(きび)しい	엄(삼엄)하다	優(やさ)しい	자상(상냥)하다	怖(こわ)い	무섭다
太(ふと)い	굵다	細(ほそ)い	가늘다	細(こま)かい	세세(꼼꼼)하다
柔(やわ)らかい	부드럽다	固(かた)い	딱딱하다, 질기다	懐(なつ)かしい	그립다
鋭(するど)い	예리하다, 날카롭다	鈍(にぶ)い	뭉툭(둔)하다	珍(めずら)しい	진귀하다
				恥(はず)かしい	부끄럽다
いい	좋다	悪(わる)い	나쁘다	すばらしい	멋지다
おいしい	맛있다	まずい	맛없다, 곤란하다	偉(えら)い	훌륭하다
厚(あつ)い	두껍다	薄(うす)い	얇다	汚(きたな)い	지저분하다, 더럽다
暑(あつ)い	덥다	寒(さむ)い	춥다		
熱(あつ)い	뜨겁다	冷(つめ)たい	차갑다, 쌀쌀하다	うらやましい	부럽다
暖(あたた)かい	따뜻하다	涼(すず)しい	시원하다		
早(はや)い	이르다	速(はや)い	빠르다	遅(おそ)い	늦다
おもしろい	재미있다	つまらない	재미없다, 시시하다	すがすがしい	시원(상쾌)하다
嬉(うれ)しい	기쁘다			苦(くる)しい	괴롭다
楽(たの)しい	즐겁다	辛(つら)い	괴롭다	寂(さび)しい	외롭다, 적적하다
		悲(かな)しい	슬프다	うるさい	시끄럽다
丸(まる)い	둥글다	四角(しかく)い	네모지다	やかましい	소란스럽다
甘(あま)い	달다, (성격이)무르다	苦(にが)い	(맛)쓰다		
塩辛(しおから)い	짜다	しょっぱい	짜다	辛(から)い	맵다
酸(す)っぱい	시다	渋(しぶ)い	떫다, 고상하다	水臭(みずくさ)い	싱겁다
濃(こ)い	짙다, 진하다	薄(うす)い	옅다, 연하다		

❀ な형용사

好(す)きだ	좋아하다	嫌(きら)いだ	싫어하다
得意(とくい)だ	잘한다, 능숙하다	苦手(にがて)だ	꺼리다, 싫어하다
簡単(かんたん)だ	간단하다	複雑(ふくざつ)だ	복잡하다
幸(しあわ)せだ	행복하다	不幸(ふしあわ)せだ	불행하다
親切(しんせつ)だ	친절하다	不親切(ふしんせつ)だ	불친절하다
便利(べんり)だ	편리하다	不便(ふべん)だ	불편하다
上手(じょうず)だ	능숙하다, 잘 한다	下手(へた)だ	서투르다
安心(あんしん)だ	안심이다	心配(しんぱい)だ	걱정이다
十分(じゅうぶん)だ	충분하다	不十分(ふじゅうぶん)だ	부족하다
必要(ひつよう)だ	필요하다	無駄(むだ)だ	헛일이다, 쓸데없다
派手(はで)だ	화려하다	地味(じみ)だ	수수하다
華(はな)やかだ	화사(화려)하다	質素(しっそ)だ	검소하다
贅沢(ぜいたく)だ	사치스럽다	不愉快(ふゆかい)だ	불쾌하다
愉快(ゆかい)だ	유쾌하다	危険(きけん)だ	위험하다
安全(あんぜん)だ	안전하다	大切(たいせつ)だ	중요하다
大事(だいじ)だ	소중하다	活発(かっぱつ)だ	활발하다
重要(じゅうよう)だ	중요하다	真面目(まじめ)だ	성실하다
楽(らく)だ	편안하다	元気(げんき)だ	건강하다
勤勉(きんべん)だ	근면하다	綺麗(きれい)だ	예쁘다, 깨끗하다
新鮮(しんせん)だ	신선하다	立派(りっぱ)だ	훌륭하다
見事(みごと)だ	멋지다, 대단하다	穏(おだ)やかだ	온화하다
暇(ひま)だ	한가하다	大丈夫(だいじょうぶ)だ	괜찮다
丈夫(じょうぶ)だ	튼튼하다	大変(たいへん)だ	큰일이다, 힘들다
変(へん)だ	이상하다	不思議(ふしぎ)だ	이상하다
賑(にぎ)やかだ	번화하다, 북적대다	稀(まれ)だ	드물다, 흔하지 않다
かわいそうだ	가엾다	豊富(ほうふ)だ	풍부하다
嫌(いや)だ	싫다	無理(むり)だ	무리다
無口(むくち)だ	과묵하다	豊(ゆた)かだ	풍요롭다, 윤택하다
駄目(だめ)だ	안되다, 실패하다	残念(ざんねん)だ	유감이다
勝手(かって)だ	제멋대로다	ハンサムだ	핸섬하다
鮮(あざ)やかだ	선명하다	モダンだ	현대적이다
スマートだ	스마트하다	真っ赤(まっか)だ	새빨갛다
真っ白(まっしろ)だ	새하얗다	真っ青(まっさお)だ	새파랗다
真っ黒(まっくろ)だ	새까맣다	神秘的(しんぴてき)だ	신비적이다
積極的(せっきょくてき)だ	적극적이다		

何が お好きですか

:1:

石井　デザートは コーヒーと アイスクリームと どっちが いいですか。

チェ　私は コーヒーよりは アイスクリームの ほうが いいですね。

石井　僕は 食事の 後は 必ず ホット・コーヒーです。

チェ　アイスクリームは きらいですか。

石井　いいえ、きらいじゃ ないですが、甘いのが あまり 好きじゃ ありません。

チェ　へえ。では、チョコレートや ケーキなども あまり 好きじゃ ないんですか。

石井　いいえ、それは 別です。どうぞ、お好きな アイスクリームです。

チェ　どうも。いただきます。私は 甘いのが 大好きです。

　　　石井さんは 音楽の 中では 何が 一番 お好きですか。

石井　いちばん 好きなのは クラシックです。

チェ　私は クラシックは ちょっと 苦手です。

　　　ジャズは どうですか。

石井　ジャズも 好きですが、クラシックほどじゃ

　　　ないです。

🎧 :2:

店員　いらっしゃいませ。

チェ　あのう、Tシャツが 欲しいんですが。どんなのが ありますか。

店員　色も スタイルも いろいろ ありますが、この 白いのは いかがですか。

チェ　少し 小さいですね。もう ちょっと 大きいのは ありませんか。

店員　それじゃ、これは いかがですか。1つ 上の サイズです。

チェ　ちょうど いいですね。いくらですか。

店員　これは 4,500円です。

チェ　少し 高いですね。これより 安いのは ありませんか。

店員　これは 3,800円です。この コーナーの ものは みんな 値段が 同じです。

チェ　あ、それ なかなか 格好いいですね。2枚 ください。

　　　計算は カードでも いいですか。

店員　はい、結構です。ここに サイン お願いします。

文法 **1:**

~と ~と どちらが ~ですか　　　　　　　　　　비교급 표현
~より ~の ほうが ~です

❶ デザートは コーヒーと アイスクリームと　どちらが よろしいですか。
　 コーヒーより アイスクリームの ほうが いいですね。
❷ バスと 地下鉄と どちらが 速いですか。
　 地下鉄の ほうが バスより ずっと 速いです。
❸ ソウルと 東京と どちらが 大きいですか。
　 ソウルより 東京の 方が もっと 大きいです。

2:

~の 中で ~が いちばん ~ですか　　　　　　　　최상급 표현

❶ 音楽の 中で 何が いちばん お好きですか。
　 クラシックが いちばん 好きです。
❷ 韓国の 歌手の 中で 誰が いちばん 好きですか。
❸ 一週間の 中で 何曜日が いちばん いいですか。
　 私は 金曜日が 一番 いいです。

3:

~ほどじゃ ないです　　　~정도(만큼)는 아닙니다.　　비교급의 부정표현

❶ 日本語は 英語ほど 難しく ありません。
❷ タクシーも 速いですが、地下鉄ほどじゃ ないです。
❸ 石井さんも 背が 高いですが、木村さんほど 高く ないです。

4:

~が 欲しいです　　　~가 필요합니다(~를 갖고 싶다).　희망・욕구표현

❶ 今 何が 一番 ほしいですか。
　 新しい 車が 一番 ほしいです。
❷ 僕は 彼女が ほしいです。
❸ 何も ほしく ありません。

01 다음을 일본어로 고치시오.

❶ 과일(果物) 중에서 무엇을 가장 좋아합니까?

⇨ _____

❷ 사과(りんご)를 제일 좋아합니다.

⇨ _____

❸ 木村씨와 田中씨와 어느 쪽 키가 큽니까?

⇨ _____

❹ 木村씨 쪽이 田中씨 보다 훨씬 큽니다.

⇨ _____

❺ 택시는 지하철만큼 빠르지는 않습니다.

⇨ _____

❻ 이 하얀 모자(帽子)는 얼마입니까? 13,800원입니다.

⇨ _____

❼ 저 빨간 것 보다 싸군요. 이것 2개 주세요.

⇨ _____

❽ 디저트는 뭐라도 괜찮습니다.

⇨ _____

❾ 지금 무엇을 가장 갖고 싶어요?

⇨ _____

❿ 아무것도 갖고 싶지 않아요.

⇨ _____

:1:

~が 好きだ ~을(를) 좋아하다	デザート 디저트	~と ~와, 과
アイスクリーム 아이스크림	どっち(どちら) 어느 쪽	もっと 보다 더, 더욱
~より ~ほう ~보다 ~쪽, 편	後 후, 나중	必ず 반드시
ホット·コーヒー 뜨거운 커피(hot coffee)		~が きらいだ ~을(를) 싫어하다
甘い 달다	~や~など ~랑~등(따위)	別だ 다르다
いただきます 잘 먹겠습니다	大好きだ 굉장히 좋아하다	音楽 음악
~の 中で ~중에서	一番 1번, 가장(최상급)	クラシック 클래식
苦手だ 서투르다, 꺼리다	ジャズ 재즈	~ほど ~만큼

:2:

店員 점원	いらっしゃいませ 어서 오세요	あのう、 저~(망설임)
Tシャツ T셔츠	~が 欲しい ~을(를) 갖고 싶다	色 색깔
スタイル 스타일	いろいろ 여러 가지	あります 있습니다.
いかがですか 어떻습니까?	少し 조금	小さい 작다
もう ちょっと 조금 더	1つ 上 하나 위	いくら 얼마
高い 높다, 비싸다	安い 싸다	コーナー 코너
もの 것(물건)	みんな 모두	値段 가격
同じだ 같다, 동일하다	なかなか 제법, 상당히	格好いいですね。 모양(폼)이 좋군요
2枚 ください 2장 주세요	計算 계산	カード 카드
~でも いいですか ~라도 좋습니까	結構です 괜찮습니다	サイン 사인

문법노트

バス 버스	地下鉄 지하철	速い 빠르다
ずっと 훨씬	歌手 가수	一週間 일주일
背が 高い 키가 크다	新しい 車 새 자동차	彼女 그녀, 그 여자
りんご 사과	帽子 모자	赤い 빨갛다
何も 아무것도		

数字の 読み方(숫자읽기) 1

하나	ひとつ	一個		여섯	むっつ	六個
둘	ふたつ	二個		일곱	ななつ	七個
셋	みっつ	三個		여덟	やっつ	八個、八個
넷	よっつ	四個		아홉	ここのつ	九個
다섯	いつつ	五個		열	とお	十個

数字の 読み方(숫자읽기) 2

천 (千)		만 (万)		백만 (百万)	
1000	せん	10,000	いちまん	1,000,000	ひゃくまん
2000	にせん	20,000	にまん		
3000	さんぜん	30,000	さんまん	천만 (一千万)	
4000	よんせん	40,000	よんまん	10,000,000	いっせんまん
5000	ごせん	50,000	ごまん		
6000	ろくせん	60,000	ろくまん	일억 (一億)	
7000	ななせん	70,000	ななまん	100,000,000	いちおく
8000	はっせん	80,000	はちまん		
9000	きゅうせん	90,000	きゅうまん	일조(一兆)	いっちょう

何曜日ですか。(무슨 요일입니까?)

日曜日	月曜日	火曜日	水曜日	木曜日	金曜日	土曜日	一週間

商店街(상점가)-いろんな お店(여러 가지 가게)

果物屋 과일가게	靴屋 신발가게	魚屋 생선가게
床屋 이발소	肉屋 정육점	花屋 꽃가게
八百屋 야채가게	美容院 미용실	本屋 서점
パン屋 빵가게	薬屋 약국	米屋 쌀가게
たばこ屋 담배가게	居酒屋 선술집	デパート 백화점
スーパー 슈퍼	コンビニ 편의점	不動産屋 부동산
駐車場 주차장	免税店 면세점	ガソリンスタンド 주유소
コインランドリー 무인세탁실	駐輪場 자전거 주차장	月極 駐車場 월정 주차장

STEP 05 山田さんの デジカメは どこに ありますか

ス마트
일본어1

🎧 :1:

山田　じゃ、今日は これで 失礼します。あれ。

ユン　どうしたんですか。

山田　僕の かばんが ないんです。

ユン　赤の かばんでしょう。テーブルの 下に ありますよ。

山田　あ、私も もう 年ですからね。

ユン　また 冗談を。重いですね、かばんの 中に 何が ありますか。

山田　辞書が 2冊 あります。

ユン　山田さんの デジカメは どこに ありますか。

山田　テレビの そばに あります。

ユン　テレビの そばには 何も ありませんが。

山田　あ、そうだ、すみません。本棚の 上です。

　　　ところで、この 近くに 映画館も ありますか。

ユン　ええ、ありますよ。駅ビルの 五階に あります。

　　　そこには 食堂街や 銀行や 本屋なども あります。

山田　そうですか。この 辺は とても 便利な ところですね。

小林　これが　チェさんの　ご家族の　写真ですか。

チェ　はい、そうです。5人家族で、私の　左に　いるのが　姉で、右が　弟です。

小林　弟さんは　背が　高いですね。おいくつですか。

チェ　今年 24歳です。

小林　では、チェさんより　4つ　下ですね。

　　　顔が　なかなか　かわいくて　ハンサムですね。

チェ　小林さんは　何人兄弟ですか。

小林　私も 3人兄弟ですが、男の　兄弟ばかりです。

チェ　いま　ご両親と　一緒ですか。

小林　いいえ、両親は　田舎に　います。

문 법 노 트

文法1   **존재표현**

	보통형		정중형	
	긍정형	부정형	긍정형	부정형
사물	ある	ない	あります	ありません(ないです)
사람(동물)	いる	いない	います	いません(いないです)

文法2   **1:** ～に ～が あります(います)   ～에 ～이 있습니다.   존재문

❶ 机の 上に 本と 辞書が あります。

❷ かばんの 中に 何が ありますか。

　財布が あります。

❸ 部屋の 中には 子供が います。

❹ 木の 下に 犬が います。

2: ～は ～に あります(います)   ～은 ～에 있습니다.   소재문

❶ かばんは 机の 下に あります。

❷ 喫茶店は 地下 一階に あります。

❸ 学生たちは 教室に います。

❹ 僕は いま 映画館に います。

3: ～に 誰か いますか   ～에 누군가 있습니까?
　　はい、います。～が います
　　いいえ、～も いません

❶ となりの 教室に 誰か いますか。

　はい、います。先生が います。

　いいえ、誰も いません。

❷ 引き出しの 中に 何か ありますか。

　はい、あります。書類が あります。

　いいえ、何も ありません。

4: ~でしょう　　　　　　~이죠.　　　　　추측·가벼운 의문

❶ ここから 遠いでしょう。

　　はい、遠いです。

❷ あの 方は お医者さんでしょう。

❸ あなたのは これでしょう。

❹ 駅が 近くて 便利でしょう。

연 습 문 제

01 다음을 일본어로 고치시오.

❶ 거기에 무엇이 있습니까? 책상이 2개 있습니다.

⇨ _____

❷ 이 방 안에는 누가 있습니까? 여동생이 있습니다.

⇨ _____

❸ 저 건물 3층에는 식당이랑 서점 등이 있습니다.

⇨ _____

❹ 은행 옆에 우체국(郵便局)이 있습니다.

⇨ _____

❺ 학교 근처에는 아무것도 없어요.

⇨ _____

❻ 강의실(講義室) 안에는 아무도 없습니다.

⇨ _____

❼ 시골(田舎)에는 젊은 사람이 그다지 없습니다. (젊다:若い)

⇨ _____

❽ 남학생(男の学生)이 5명, 여학생(女の学生)이 2명 있습니다.

⇨ _____

❾ 4형제 중에서 내가 제일 아래입니다.

⇨ _____

❿ 집에 개는 있습니다만, 고양이(猫)는 없어요.

⇨ _____

단 어 정 리

:1:

デジカメ 디지털 카메라	どこ 어디	～に ～에(장소)
ありますか 있습니까?	これで 失礼します 이쯤에서 실례하겠습니다	
あら 어머, 어 (놀람)	どうしたんですか 어쩐 일이세요? (웬일이세요?)	
ない 없다	赤 빨강	下 아래
もう 年ですからね。 벌써 늙어서(나이라서)		また 또
冗談を 농담을	重い 무겁다	テレビ 텔레비전
そば 옆, 곁	すみません 미안합니다	本棚 책꽂이
近く 근처	ビル 빌딩, 건물	食堂街 식당가
銀行 은행	本屋 서점	この 辺 이 부근
便利だ 편리하다	ところ 장소, 곳	

:2:

5人家族 5인 가족	左 왼 쪽	右 오른 쪽
いる 있다	おいくつですか。 몇 살입니까?	今年 올해
顔 얼굴	なかなか 꽤, 상당히	かわいい 귀엽다
ハンサムだ 잘 생기다, 미남이다	何人兄弟 몇 형제	男の 兄弟 남자 형제
～ばかり ～만, 뿐	一緒 함께	田舎 시골, 고향

📖 문법노트

地下 지하	教室 교실	引き出し 서랍
書類 서류	近い 가깝다	方 분(人의 존경어)
家 집	犬 개	猫 고양이

✏️ 연습문제

男の 学生 남학생	女の 学生 여학생

🌸 何階ですか。(몇 층입니까?)

一階	二階	三階	四階	五階	六階	七階	八階	九階	十階
いっかい	にかい	さんがい	よんかい	ごかい	ろっかい	ななかい	はっかい	きゅうかい	じゅっかい

🌸 位置の 呼び方(위치읽기)

上 위	下 아래	中央 중앙	真ん中 한복판, 정중앙
前 앞	後ろ 뒤	正面 정면	真正面 바로정면
中 속, 안	外 밖	反対側 반대편	突き当たり 막다른 곳
側 옆	隣 옆, 이웃	向かい側 맞은편	信号 신호
横 곁, 가로	斜め 비스듬함, 경사짐	スクランブル交差点	東 동　　西 서
右 오른쪽	左 왼쪽	스크램블 교차로	南 남　　北 북

🌸 いろんな 呼び方(여러 가지 명칭)

部屋 방	和室 일본식 다다미방	洋室 서양식 방
居間 거실	押し入れ 벽장	応接間 응접실
台所(キッチン) 부엌	お手洗い(トイレ) 화장실	バス(bath) 욕실
洋服だんす 양복장	机 책상	椅子 걸상
本棚・本箱 책꽂이, 책장	引き出し 서랍	財布 지갑
こたつ 테이블 화로	ストーブ 스토브	ごみ箱・くずかご 쓰레기통
クーラ 에어컨	テーブル 테이블	ベッド 침대
テレビ 텔레비전	ビデオ 비디오	車 자동차
病院 병원	お風呂・銭湯 목욕탕	洗面所 세면대
事務所 사무소	喫茶店(コーヒーショップ) 커피숍	
食堂 식당	レストラン 레스토랑	銀行 은행
郵便局 우체국	映画館 영화관	交番 파출소
建物・ビル 건물, 빌딩	区役所 구청	市役所 시청
大使館 대사관	領事館 영사관	入国管理局 입국관리국

何人ですか。(몇 명입니까?)

ひとり	ふたり	さんにん	よにん	ごにん	ろくにん
1人	2人	3人	4人	5人	6人
しちにん	はちにん	きゅうにん	じゅうにん	じゅういちにん	じゅうににん
7人	8人	9人	10人	11人	12人

何歳(才)ですか。/ おいくつですか。(몇 살입니까?)

1歳	いっさい、　ひとつ	6歳	ろくさい、　　むっつ	11歳	じゅういっさい
2歳	にさい、　ふたつ	7歳	ななさい、　　ななつ	20歳	はたち、にじゅっさい
3歳	さんさい、　みっつ	8歳	はっさい、　　やっつ	年上	としうえ
4歳	よんさい、　よっつ	9歳	きゅうさい、ここのつ	年下	としした
5歳	ごさい、　いつつ	10歳	じゅっさい、とお	同い年	おないどし

🌸 家族の 呼び方(가족호칭)

가족을 소개할 때	상대가족을 칭할 때	호칭
祖父　そふ 祖母　そぼ (父方の〜、母方の〜) 舅　しゅうと 姑　しゅうとめ 嫁　よめ 父　ちち 母　はは 両親　りょうしん、親(おや)	お祖父(じい)さん お祖母(ばあ)さん (お父さんの〜、お母さんの〜) ごしゅうと ごしゅうとめ お嫁(よめ)さん お父(とう)さん お母(かあ)さん ご両親(りょうしん)	할아버지 할머니 (친〜, 외〜) 시아버지, 장인 시어머니, 장모 며느리 아버지 어머니 부모님
兄　あに 姉　あね 弟　おとうと 妹　いもうと	お兄(にい)さん お姉(ねえ)さん 弟(おとうと)さん 妹(いもうと)さん	형, 오빠 누나, 언니 남동생 여동생
主人　しゅじん 夫　おっと 旦那　だんな	ご主人(しゅじん) 旦那(だんな)さん	남편, 부군
妻　　つま 家内　かない 女房　にょうぼう	奥(おく)さん、奥様(おくさま)	아내, 집사람
息子　むすこ 娘　　むすめ 子供　こども	息子(むすこ)さん、坊(ぼ)っちゃん 娘(むすめ)さん、お嬢(じょう)さん 子供(こども)さん、お子(こ)さん	아들 딸 아이, 자식, 자제분
おじ おば いとこ おい めい 孫　　まご 曾孫　ひまご	おじさん おばさん いとこの方(かた) おいごさん めいごさん お孫(まご)さん	백부, 고모부 등, 아저씨 백모, 고모 등, 아줌마 사촌 남자조카 여자조카 손자 증손자
家族　　かぞく 兄弟　　きょうだい 長(次)男　ちょう(じ)なん 長(次)女　ちょう(じ)じょ 末っ子　　すえっこ 一人っ子　ひとりっこ 双子　　ふたご (双生児　そうせいじ)	ご家族 ご兄弟	가족 형제 장(차)남 장(차)녀 막내 외동 쌍둥이

MEMO NOTE

STEP 06 私の 一日を
ご紹介します

스마트
일본어 1

🎧 1

私の アパートは 3階建てで、学校の すぐ 近くに あります。

私は 毎朝 6時 30分に 起きます。

それから 1時間ぐらい 学校の プールで 泳ぎます。

朝は ご飯を しっかり 食べます。

食事の 後は いつも コーヒーを 飲みます。

授業は 9時から 始まります。

それから 3時には 終わります。

毎日 午後 5時から 8時まで 3時間ずつ アルバイトを します。

アルバイト先は 家から 自転車で 20分ぐらい かかります。

たいていは 自転車で 行きますが、たまに 電車で 行きます。

それで 4時20分頃 家を 出ますが、遅刻する 時も あります。

午後 9時ごろ 家へ 帰ります。

それから テレビの ニュースや ドラマなどを 見ます。

ダイエットの ために 夜 遅くは 何も 食べません。

お酒は 少し 飲みますが、たばこは 全然 吸いません。

普通 11時 半ごろ 寝ますが、寝る 前に 少し 勉強を します。

休みの 日は 洗濯や 掃除を します。

문 법 노 트

文法1 동사의 활용(動詞の活用)

1: 규칙동사

❶ 5단 동사

보통형		정중형	
긍정형	부정형	긍정형	부정형
会う	会わない	会います	会いません
書く	書かない	書きます	書きません
泳ぐ	泳がない	泳ぎます	泳ぎません
話す	話さない	話します	話しません
待つ	待たない	待ちます	待ちません
死ぬ	死なない	死にます	死にません
遊ぶ	遊ばない	遊びます	遊びません
飲む	飲まない	飲みます	飲みません
送る	送らない	送ります	送りません
*帰る	帰らない	帰ります	帰りません

(*예외 5단 동사–切る(자르다, 끊다), 知る(알다), 入る(들어가다), 走る(달리다) 등)

❷ 1단 동사

보통형		정중형	
긍정형	부정형	긍정형	부정형
見る	見ない	見ます	見ません
起きる	起きない	起きます	起きません
食べる	食べない	食べます	食べません
教える	教えない	教えます	教えません

2: 불규칙동사

보통형		정중형	
긍정형	부정형	긍정형	부정형
来る	来ない	来ます	来ません
する	しない	します	しません

文法2

1:

연체형 + 명사	연체수식

❶ 寝る 前に 少し 勉強を します。

❷ ここから 学校へ 行く バスは たくさん あります。

❸ 大掃除を する 時は たいへんです。

❹ この 頃は 手紙を 書く 人は 少ないです。

❺ 友達に 送る 小包です。

2:

～から ～まで	～부터 ～까지	범위한정

❶ 午後 5時から 8時まで 3時間ずつ アルバイトを します。

❷ 家から 会社までは あまり 遠く ありません。

❸ 展示会は いつから いつまでですか。

❹ ソウルから 釜山まで 車で 何時間ぐらい かかりますか。

연습문제

01 다음과 같이 활용해 보세요.

| 行く(가다) → 行かない 行きます 行きません |

❶ 笑う(웃다) ⇨ _____

❷ 使う(사용하다) ⇨ _____

❸ 働く(일하다) ⇨ _____

❹ 歩く(걷다) ⇨ _____

❺ 脱ぐ(벗다) ⇨ _____

❻ 急ぐ(서두르다) ⇨ _____

❼ 落とす(떨어뜨리다) ⇨ _____

❽ 押す(누르다, 밀다) ⇨ _____

❾ 待つ(기다리다) ⇨ _____

❿ 立つ(일어서다) ⇨ _____

⓫ 飛ぶ(날다) ⇨ _____

⓬ 遊ぶ(놀다) ⇨ _____

⓭ 読む(읽다) ⇨ _____

⓮ 休む(쉬다) ⇨ _____

⑮ 走る(달리다)　　　⇨ _____

⑯ 入る(들어가다(오다))　⇨ _____

⑰ 来る(오다)　　　　⇨ _____

⑱ する　　　　　　　⇨ _____

02　다음을 일본어로 고치시오.

❶ 동경 역(駅)까지 전철로 몇 분 정도 걸립니까?

　⇨ _____

❷ 자전거로 15분밖에(しか) 걸리지 않습니다.

　⇨ _____

❸ 아침밥은 반드시 먹습니다.

　⇨ _____

❹ 그리고 밤늦게는 아무것도 먹지 않습니다.

　⇨ _____

❺ 매일 자기 전에 1시간 씩 일본어 공부를 합니다.

　⇨ _____

❻ 밥을 먹을 때는 TV를 보지 않습니다.

　⇨ _____

❼ 대개 몇 시쯤 학교에 옵니까?

　⇨ _____

❽ 식사 전에 항상 손을 씻습니다.(洗う:씻다)

　⇨ _____

❾ 집으로 돌아갈 때는 버스를 탑니다.(バスに 乗^のる:버스를 타다)

⇨ _____

❿ 가끔 집안일(家事^{かじ})을 도웁니다.(手伝^{てつだ}う:돕다)

⇨ _____

:1:

一日 하루	ご紹介します 소개 해 드리겠습니다	
アパート 아파트	3階建て 3층 건물	すぐ 바로 곧, 금방
毎朝 매일아침	起きる 일어나다	それから 그리고
～ぐらい 정도, 가량, 쯤	プール 풀장	泳ぐ 수영하다
ご飯 밥	しっかり 확실하게	食べる 먹다
食事 식사	いつも 항상	飲む 마시다
授業 수업	始まる 시작되다	終わる 끝나다
毎日 매일	午後 오후	～から～まで ～(에서)부터～까지
アルバイトを する 아르바이트를 하다		～ずつ ～씩
～先 ～곳, 장소	自転車で 자전거로(서)	かかる (시간)걸리다, (비용)들다
たいてい 대개	行く 가다	たまに 가끔
それで 그래서	～頃 ～쯤	出る 나가다(나오다)
遅刻する 지각하다	～時 ～(할) 때	～へ ～(으)로(방향)
帰る 돌아가다(오다)	ニュースや ドラマ 뉴스나 드라마	見る 보다
ダイエット 다이어트	～ために ～(을)위해서	夜 밤
遅く 늦게	お酒 술	たばこを 吸う 담배를 피우다
全然 전혀	普通 보통	寝る 자다
前 앞, 전	勉強 공부	休みの 日 휴일
洗濯や 掃除を する 빨래랑 청소를 한다		

📖 문법노트1

5단동사

会う 만나다	書く 쓰다	泳ぐ 수영하다	話す 이야기 하다
待つ 기다리다	死ぬ 죽다	遊ぶ 놀다	飲む 마시다
送る 보내다	切る 자르다, 끊다	知る 알다	入る 들어가다
走る 달리다			

1단동사

教える 가르치다

📖 문법노트2

バス 버스	たくさん ある 많이 있다	大掃除 대청소
たいへんだ 힘들다	この 頃 요즘	手紙を 書く 편지를 쓰다
少ない 적다	小包 소포	展示会 전시회
いつ 언제		

⚘ 何時・何分ですか。
午前，午後

1時	2時	3時	4時	5時	6時	7時	8時	9時	10時
いちじ	にじ	さんじ	よじ	ごじ	ろくじ	しちじ	はちじ	くじ	じゅうじ

1分	いっぷん	11分	じゅういっぷん
2分	にふん	15分	じゅうごふん
3分	さんぷん	20分	にじっぷん、にじゅっぷん
4分	よんぷん	25分	にじゅうごふん
5分	ごふん	30分	さんじっぷん、さんじゅっぷん
6分	ろっぷん	35分	さんじゅうごふん
7分	ななふん	40分	よんじっぷん、よんじゅっぷん
8分	はっぷん、はちふん	45分	よんじゅうごふん
9分	きゅうふん	50分	ごじっぷん、ごじゅっぷん
10分	じっぷん、じゅっぷん	60分	ろくじっぷん、ろくじゅっぷん

⚘ 何年ですか (무슨 띠입니까?)
十二支(12지)

鼠 쥐

牛 소

虎 호랑이

兎 토끼

辰 용

蛇 뱀

馬 말

羊 양

猿 원숭이

鶏 닭

犬 개

猪 돼지

MEMO NOTE

STEP 07　いっしょに 映画を 見に 行きました

1

豊島　ユンさんは 先週の 土曜日 何を しましたか。

ユン　久しぶりに 渋谷で 友達に 会いました。

　　　それから 映画を 見に 行きました。

豊島　映画は おもしろかったですか。

ユン　思ったよりは おもしろく ありませんでした。

　　　その 後、たこ焼を 食べながら 街を ぶらぶらしました。

豊島　いっしょに 買物も しましたか。

ユン　友達は 靴と シャツを 買いましたが、私は 何も 買いませんでした。

　　　デパートは 人で いっぱいでした。

豊島　あ、そう言えば 先週の 土曜日が ユンさんの お誕生日だったでしょう。

ユン　違います。来週です。

豊島　あっ、僕の 勘違いでしたね。

豊島　お腹が すきました。食事に 行きませんか。

ユン　もう 昼休みですか。ああ、私も 疲れました。

豊島　メニューは 何に しましょうか。

ユン　最近、 食欲が ないんですが、夏バテかも 知れません。

豊島　そうですか。では、何が いちばん 食べたいですか。

ユン　毎日 同じ ものは 食べたく ありませんね。

豊島　カツ丼か 冷やしそばに しましょうか。

ユン　昨日 カツ丼を 食べましたから、今日は 冷やしそばを 食べに 行きましょう。

豊島　そう しましょう。ところで、今日の 公演は 何時ごろ 終わるでしょうか。

ユン　イベントが 多いので 夕方までには 終わらないでしょう。

豊島　では、コンビニで パンでも 買いましょうか。

ユン　私は パンより おにぎりが いいです。

文法1　시제 활용표

		보통형		정중형	
		긍정형	부정형	긍정형	부정형
명사	현재·미래형	学生だ	学生では ない	学生です	学生では ないです / 学生では ありません
	과거형	学生だった	学生では なかった	学生でした	学生では なかったです / 学生では ありませんでした
な 형용사	현재·미래형	好きだ	好きでは ない	好きです	好きでは ないです / 好きでは ありません
	과거형	好きだった	好きでは なかった	好きでした	好きでは なかったです / 好きでは ありませんでした
い 형용사	현재·미래형	高い	高く ない	高いです	高く ないです / 高く ありません
	과거형	高かった	高く なかった	高かったです	高く なかったです / 高く ありませんでした
동사	현재·미래형	見る	見ない	見ます	見ないです / 見ません
	과거형	見た	見なかった	見ました	見なかったです / 見ませんでした

원인·이유 표현

	から		ので	
	보통형	정중형	보통형	정중형
명사	学生だから	学生ですから	学生なので	学生ですので
な형용사	有名だから	有名ですから	有名なので	有名ですので
い형용사	甘いから	甘いですから	甘いので	甘いですので
동사	行くから	行きますから	行くので	行きますので

文法2　1:　～ます형(동작명사) + に　　　～(하)러　　　왕래의 목적

❶ 映画を 見に 行きました。

❷ ちょっと お茶でも 飲みに 来ませんか。

❸ 友達に 会いに 行きました。

❹ 来週 日本へ 出張に 行きます。

❺ 二人で 買物に 行きます。

2: ~ます형 + たい   ~(하)고 싶다   희망표현

❶ ビールが 飲みたいです。

❷ 子供の 時の 友達に 会いたいですね。

❸ まだ 結婚したく ありません。

❹ では、いちばん 食べたい ものは 何ですか。

3: ~ます형 + ながら   ~(하)면서   동시동작

❶ コーヒーを 飲みながら ビデオを 見ます。

❷ 音楽を 聞きながら 勉強を します。

❸ 歌を 歌いながら 踊ります。

❹ 子供は 遊びながら 覚えます。

4: ~に する   ~(으)로 하다   선택결정

❶ デザートは 何に しましょうか。

❷ あなたは 何が いいですか。私は これに します。

❸ 今度の 旅行は どこに しましょうか。

❹ 歓迎会は いつに しましょうか。

5: ~から   ~ 때문에   원인·이유

❶ 授業が ありますから 失礼します。

❷ 遅いですから タクシーで 行きましょう。

❸ 天気が よかったから 大掃除を しました。

❹ この 喫茶店は 静かだから よく 来ます。

6: ~ので   ~ 때문에   원인·이유

❶ きのうは 疲れましたので 早く 寝ました。

❷ この 公園は 静かなので 人たちに 人気が あります。

❸ 展示会は 来月からなので 時間は 十分 あります。

❹ ここは 会議室なので 禁煙ですよ。

연 습 문 제

01 다음과 같이 활용해 보세요.

| 書く(쓰다) → 書きます → 書きました → 書きませんでした |

❶ 洗う(씻다)　　⇨ _____

❷ 聞く(듣다)　　⇨ _____

❸ 泳ぐ(수영하다)　⇨ _____

❹ 出す(내다, 제출하다)⇨ _____

❺ 育つ(성장하다)　⇨ _____

❻ 死ぬ(죽다)　　⇨ _____

❼ 選ぶ(선택하다)　⇨ _____

❽ 踏む(밟다)　　⇨ _____

❾ 守る(지키다)　　⇨ _____

❿ 帰る(돌아가다)　⇨ _____

⓫ 見る(보다)　　⇨ _____

⓬ 教える(가르치다)　⇨ _____

⓭ 来る(오다)　　⇨ _____

02 다음과 같이 활용해 보세요.

(명사)	これです	→ これでした	→ これでは　ありませんでした
(な형용사)	好きです	→ 好きでした	→ 好きでは　ありませんでした
(い형용사)	暑いです	→ 暑かったです	→ 暑く　ありませんでした

❶ 春です　　　　⇨ _____

❷ 昨日です　　　⇨ _____

❸ 静かです　　　⇨ _____

❹ まじめです　　⇨ _____

❺ 重いです　　　⇨ _____

❻ いいです　　　⇨ _____

03 다음을 일본어로 바꾸어 보세요.

❶ 선생님을 만나러 왔습니다.

⇨ _____

❷ 가족과 함께 쇼핑 갔습니다.

⇨ _____

❸ 마실 것은 무엇으로 하겠습니까? (飲み物)

⇨ _____

❹ 오늘은 아무것도 마시고 싶지 않아요.

⇨ _____

5 재미있는 이야기를 하면서 걸었습니다. (話を する)

⇨ _____

6 시간이 없었기 때문에 영화를 보지 않았습니다.

⇨ _____

7 이 식당은 친절하기 때문에 손님(お客さん)이 많아요.

⇨ _____

8 아직 시간이 있으니까 식사(食事)라도 할까요?

⇨ _____

9 지금 북해도(北海道)는 추울지도 몰라요.

⇨ _____

10 주차장(駐車場)은 차(車)로 가득 차 있었습니다.

⇨ _____

| STEP 07 | 단 어 정 리 |

:1:

久^{ひさ}しぶりに 오랜만에	渋谷^{しぶや} 지명(동경소재)	友達^{ともだち}に 会^あう 친구를 만나다
おもしろい 재미있다	思^{おも}ったより 생각보다	たこ焼^{やき} 문어 빵(음식이름)
街^{まち}を ぶらぶらしました 거리를 돌아다녔습니다		買物^{かいもの}を する 쇼핑하다
買^かう 사다	デパート 백화점	人^{ひと}で いっぱいだ 사람으로 가득이다
そう言^いえば 그러고 보니	お誕生日^{たんじょうび}だったでしょう 생일 이었죠
違^{ちが}います 아니에요 / 다릅니다	勘違^{かんちが}い 착각

:2:

お腹^{なか}が すきました。 배가 고픕니다		昼休^{ひるやす}み 점심시간
疲^{つか}れました 피곤합니다	メニュー 메뉴	何^{なに}に しましょうか 무엇으로 하실까요?
最近^{さいきん} 최근	食欲^{しょくよく} 식욕	夏^{なつ}バテ 여름을 탐
〜かも 知^しれません 〜일지도 모릅니다		カツ丼^{どん}, 冷^ひやしそば 음식이름
公演^{こうえん} 공연	イベント 이벤트	多^{おお}い 많다
夕方^{ゆうがた} 저녁 무렵	コンビニ 편의점(convenience store)
〜でも 〜라도	おにぎり 주먹밥

🔖 문법노트1

出張^{しゅっちょう} 출장	ビール 맥주	結婚^{けっこん}する 결혼하다
ビデオ 비디오	音楽^{おんがく} 음악	歌^{うた}を 歌^{うた}う 노래를 부르다
踊^{おど}る 춤추다	覚^{おぼ}える 외우다 / 기억하다	旅行^{りょこう} 여행
歓迎会^{かんげいかい} 환영회	遅^{おそ}い 늦다	公園^{こうえん} 공원
展示会^{てんじかい} 전시회	十分^{じゅうぶん}だ 충분하다	会議室^{かいぎしつ} 회의실
禁煙^{きんえん} 금연		

	<ruby>過去<rt>か こ</rt></ruby> 과거		<ruby>現在<rt>げんざい</rt></ruby> 현재	<ruby>未来<rt>み らい</rt></ruby> 미래	
<ruby>毎日<rt>まいにち</rt></ruby> 매일	おととい 그저께	<ruby>昨日<rt>きのう</rt></ruby>, <ruby>昨日<rt>さくじつ</rt></ruby> 어제	<ruby>今日<rt>きょう</rt></ruby> 오늘	<ruby>明日<rt>あした</rt></ruby>, <ruby>明日<rt>あ す</rt></ruby> 내일	あさって 모레
<ruby>毎週<rt>まいしゅう</rt></ruby> 매주	<ruby>先々週<rt>せんせんしゅう</rt></ruby> 지지난주	<ruby>先週<rt>せんしゅう</rt></ruby> 지난주	<ruby>今週<rt>こんしゅう</rt></ruby> 이번주	<ruby>来週<rt>らいしゅう</rt></ruby> 다음주	<ruby>再来週<rt>さらいしゅう</rt></ruby> 다다음주
<ruby>毎月<rt>まいつき</rt></ruby>, <ruby>毎月<rt>まいげつ</rt></ruby> 매월	<ruby>先々月<rt>せんせんげつ</rt></ruby> 지지난달	<ruby>先月<rt>せんげつ</rt></ruby> 지난달	<ruby>今月<rt>こんげつ</rt></ruby> 이번달	<ruby>来月<rt>らいげつ</rt></ruby> 다음달	<ruby>再来月<rt>さらいげつ</rt></ruby> 다다음달
<ruby>毎年<rt>まいとし</rt></ruby>, <ruby>毎年<rt>まいねん</rt></ruby> 매년	<ruby>一昨年<rt>おととし</rt></ruby> 재작년	<ruby>去年<rt>きょねん</rt></ruby>, <ruby>昨年<rt>さくねん</rt></ruby> 작년	<ruby>今年<rt>こ とし</rt></ruby> 올해	<ruby>来年<rt>らいねん</rt></ruby> 내년	<ruby>再来年<rt>さ らいねん</rt></ruby> 내후년

<ruby>上旬<rt>じょうじゅん</rt></ruby>－<ruby>初<rt>はじ</rt></ruby>め 초순, 초	<ruby>一日<rt>いちにち</rt></ruby> 하루	<ruby>半日<rt>はんにち</rt></ruby> 반나절
<ruby>中旬<rt>ちゅうじゅん</rt></ruby>－<ruby>半<rt>なか</rt></ruby>ば 중순	<ruby>一ヶ月<rt>いっ か げつ</rt></ruby>(<ruby>一月<rt>ひとつき</rt></ruby>・<ruby>月<rt>つき</rt></ruby>) 1개월	<ruby>半月<rt>はんつき</rt></ruby> 보름
<ruby>下旬<rt>げじゅん</rt></ruby>－<ruby>終<rt>お</rt></ruby>わり(<ruby>末<rt>まつ</rt></ruby>・<ruby>末<rt>すえ</rt></ruby>) 하순, 말	<ruby>一年<rt>いちねん</rt></ruby> 일년	<ruby>半年<rt>はんとし</rt></ruby> 반년

🍃 **<ruby>季節<rt>き せつ</rt></ruby>**(계절) － **<ruby>四季<rt>し き</rt></ruby>**(사계)

<ruby>春<rt>はる</rt></ruby>	<ruby>暖<rt>あたた</rt></ruby>かい	<ruby>夏<rt>なつ</rt></ruby>	<ruby>暑<rt>あつ</rt></ruby>い
<ruby>秋<rt>あき</rt></ruby>	<ruby>涼<rt>すず</rt></ruby>しい	<ruby>冬<rt>ふゆ</rt></ruby>	<ruby>寒<rt>さむ</rt></ruby>い

MEMO NOTE

08　今 何を して いますか

스마트 일본어 1

:1:

小林　チェさん、あさって ご都合は いかがですか。

チェ　あさってですか。別に 用事は ないんですが、どうしてですか。

小林　実は、木村さんの ところに 留学生たちが 遊びに 来て 自分の 国の 料理を 作って 食べる 予定なんです。

チェ　え、そうですか。私も ぜひ 行きたいです。

小林　彼の アパートは バスよりは 電車の 方が 便利です。

チェ　私は まだ 電車の 乗り換えが 下手で 少し 心配です。

　　　どこかで 会って いっしょに 行きませんか。

小林　いいですよ。あ、そうだ。今、西田さんも 東京に 来て います。

チェ　あ、そうですか。では、西田さんも 誘いましょう。

小林　それも いいですね。私が 彼に 電話を して みます。

　　　では、あさって 10時に 新宿駅 西口の タクシー乗り場で 会いましょう。

チェ　では、あさって 楽しみに して います。

🎧 :2:

森村　チェさん、お久しぶりですね。

チェ　あ、森村さん。ほんとうに しばらくですね。お元気ですか。

森村　ええ、おかげさまで 元気です。ところで、何を して いるんですか。

チェ　外国に いる 友達に メールを 書いて います。

森村　その 友達は 今 どこに いますか。

チェ　去年 留学の ために アメリカに 行って、今は シカゴに 住んで います。

森村　留学ですか？すごいですね。

　　　ところで 小林さんと 朴さんが 見えませんが、まだ 来て いませんか。

チェ　もう 30分も 前に 来て、今 外で 話を して います。

森村　高橋さんは 車で 来るので 2、30分 ぐらい 遅れると 思います。

チェ　この 時間は どの 道も 混んで いるので 仕方ないでしょう。

森村　ビールでも 飲みながら ゆっくり 待って いましょう。

文法1 동사의 음편형(~て形)

1: 5단동사

	기본형	정중형	중지형(て형)
촉음편 (促音便)	吸**う** → 待**つ** → 乗**る** →	吸います 待ちます 乗ります	→ 吸**って** → 待**って** → 乗**って**
발음편 (撥音便)	死**ぬ** → 遊**ぶ** → 飲**む** →	死にます 遊びます 飲みます	→ 死**ん**で → 遊**ん**で → 飲**ん**で
い음편 (イ音便)	歩**く** → 泳**ぐ** →	歩きます 泳ぎます	→ 歩**いて** → 泳**い**で

*예외	行**く**	→ 行きます	→ 行**って**
	話**す**	→ 話します	→ 話**して**

2: 1단동사 · 불규칙동사

기본형	정중형	중지형(て형)
食べ**る** →	食べ**ます**	→ 食べ**て**
来る →	来ます	→ 来て
する →	**し**ます	→ **し**て

文法2 **1:**

~て います	~(하)고 있습니다.	동작의 진행

❶ 今 何を して いますか。
　 友達を 待って います。
❷ 二人は 外で 話して います。
❸ 子供は 今 プールで 遊んで います。
❹ 今 電話を かけて います。
❺ シャワーを 浴びて います。

2: | ~て います | ~(어)고 있습니다. | 상태의 진행

❶ 窓が 開いて います。

❷ 今 学校に 来て います。

❸ まだ 電気が ついて います。

❹ 一人で 椅子に 座って います。

❺ スカートを 履いて います。

3: | ~て います | ~(어)고 있습니다. | 인간의 장기적인 활동

❶ 新しい 小説を 書いて います。

❷ 料理学院に 通って います。

❸ 貿易会社に 勤めて います。

❹ 学校で 日本語を 教えて います。

❺ 母と 二人で 住んで います。

4: | まだ ~て いません | 아직 하지 않았습니다. | 미완료

❶ 木村さんは まだ 来て いません。

❷ もう 予約は しましたか。

はい、予約なら 一ヶ月前に しました。

いいえ、まだ して いません。

❸ もう 10時ですが、まだ 朝ご飯 食べて いませんか。

❹ ここに ある 小説は まだ 読んで いません。

5: | ~と 思います | ~(라)고 생각합니다. | 화자의 주관적 판단

❶ 祭りは 来週からだと 思います。

❷ 汽車の 方が 早くて 楽だと 思いますが。

❸ 今頃は あまり 暑く ないと 思います。

❹ 彼は 必ず 来ると 思います。

01 다음과 같이 활용해 보세요.

会う → 会って 読む → 読んで 書く → 書いて

❶ 使う(사용하다)   ⇨ _____

❷ 育つ(성장하다)   ⇨ _____

❸ 守る(지키다)   ⇨ _____

❹ 帰る(돌아가다)   ⇨ _____

❺ 行く(가다)   ⇨ _____

❻ 死ぬ(죽다)   ⇨ _____

❼ 選ぶ(선택하다)   ⇨ _____

❽ 踏む(밟다)   ⇨ _____

❾ 聞く(듣다)   ⇨ _____

❿ 泳ぐ(수영하다)   ⇨ _____

⓫ 出す(내다, 제출하다)   ⇨ _____

⓬ 見る(보다)   ⇨ _____

⓭ 教える(가르치다)   ⇨ _____

⓮ 来る(오다)   ⇨ _____

⑮ する(하다)　　　　　⇨ _____

02 다음을 일본어로 바꾸어 보세요.

❶ 지금 무엇을 만들고 있습니까?

　⇨ _____

❷ 회사에서는 지금도 이 모델(モデル)을 사용하고 있습니다.

　⇨ _____

❸ 리포트(レポート)는 벌써 제출했습니까?

　⇨ _____

아뇨, 아직 제출하지 않았습니다.

　⇨ _____

❹ 여동생은 고등학교에 다니고 있습니다.(高校고등학교, 通う:다니다)

　⇨ _____

❺ 샤워를 하고 나서(〜てから) 맥주를 마셨습니다.

　⇨ _____

❻ 요리가 서툴러서 걱정입니다.

　⇨ _____

❼ 지금 시간은 길이 혼잡할 거라고 생각합니다.

　⇨ _____

❽ 늦을 거라고 생각해서 전철을 타고 왔습니다.(〜に乗る:〜을 타다)

　⇨ _____

❾ 가고 싶지만 바빠서 나중에(後で) 가겠습니다.

　⇨ _____

❿ 도서관에 가서 늦게까지 공부했습니다.(勉強する:공부하다)

　⇨ _____

:1:

あさって 모레

どうして 왜, 어째서

料理 요리

ぜひ 꼭

心配だ 걱정이다

新宿駅 西口 신쥬쿠(동경소재 지명)역 서쪽 입구

楽しみに する 기대하다

ご都合 형편, 사정

実は 사실은

作る 만들다

乗り換え 환승(갈아타기)

誘う 권하다, 꾀다

用事 볼일

自分の 国 본국(자신의 나라)

予定 예정

下手だ 서투르다, 잘 못한다

タクシー乗り場 택시 승강장

:2:

ほんとうに 정말로

外国 외국

すごい 굉장하다, 멋지다

話を する 이야기를 하다

道 길

ゆっくり 천천히

お元気ですか 잘 지내십니까?

メール 메일

見える 보이다

遅れる 늦어지다

混む 혼잡하다

おかげさまで 덕분에

住む 거주하다, 살다

外 밖

～と 思う ～(라)고 생각하다

仕方ない 어쩔 수 없다

📖 문법노트1

～に 乗る ～(을) 타다

窓が 開く 창문이 열리다

履く (신발을)신다 / (치마, 바지를)입다

貿易会社に 勤める 무역회사에 근무하다

祭り 축제

電話を かける 전화를 걸다

電気が つく 전기가 켜지다

通う (정기적으로)다니다

住む 살다

汽車 기차

シャワーを 浴びる 샤워를 하다

椅子に 座る 의자에 앉다

予約 예약

楽だ 편안하다

🌸 何月ですか。

1月	いちがつ		7月	しちがつ
2月	にがつ		8月	はちがつ
3月	さんがつ		9月	くがつ
4月	しがつ		10月	じゅうがつ
5月	ごがつ		11月	じゅういちがつ
6月	ろくがつ		12月	じゅうにがつ

🌸 何日ですか。 カレンダの 日付(캘린더의 날짜)

1日	ついたち	11日	じゅういちにち	21日	にじゅういちにち
2日	ふつか	12日	じゅうににち	22日	にじゅうににち
3日	みっか	13日	じゅうさんにち	23日	にじゅうさんにち
4日	よっか	14日	じゅうよっか	24日	にじゅうよっか
5日	いつか	15日	じゅうごにち	25日	にじゅうごにち
6日	むいか	16日	じゅうろくにち	26日	にじゅうろくにち
7日	なのか	17日	じゅうしちにち	27日	にじゅうしちにち
8日	ようか	18日	じゅうはちにち	28日	にじゅうはちにち
9日	ここのか	19日	じゅうくにち	29日	にじゅうくにち
10日	とおか	20日	はつか	30日	さんじゅうにち

🌸 何ヵ月ですか。 (몇 개월입니까?)

1ヵ月	いっかげつ		7ヵ月	ななかげつ
2ヵ月	にかげつ		8ヵ月	はっかげつ
3ヵ月	さんかげつ		9ヵ月	きゅうかげつ
4ヵ月	よんかげつ		10ヵ月	じゅっかげつ
5ヵ月	ごかげつ		11ヵ月	じゅういっかげつ
6ヵ月	ろっかげつ		12ヵ月	じゅうにかげつ

部屋を 探そうと 思って いますが

ス마트
일본어 1

🎧 1

豊島　何を 見て いるんですか。

チェ　新しい 部屋を 探そうと 思って 情報紙を 見て いるんです。

豊島　え、引っ越すんですか。

　　　今の 寮は 学校から 近くて 便利じゃ ありませんか。

チェ　それは そうなんですが、これからは アルバイトを しようと 思って いるんです。

豊島　あ、そうですか。では、どの 辺に 引っ越す つもりですか。

チェ　夜 遅くまで 働く つもりなので、できるだけ 駅から 近い ところを 調べようと 思って います。

豊島　家賃が けっこう 高く なると 思いますが。

チェ　それで もっと 頑張って 働こうと 思って います。

石井　おじゃまします。

チェ　あ、石井さん。先週から ずっと 連絡しようと 思って いました。

石井　豊島さんの 話に よると 引っ越しを するそうですが。

チェ　そうなんです。それで、申し訳ないんですが、引っ越しの 手伝いを 頼もうと 思って…。

石井　喜んで 手伝いに 行きます。引っ越しは いつですか。

チェ　七月 二十四日、 引っ越す ことに なりました。

石井　ところで、いい お部屋を 見つけましたか。

チェ　はい、1人暮らしには ちょうど いい 六畳の 部屋です。

　　　建物は 古いですが、中は 割りと きれいです。

　　　それに 来週から 駅前の 居酒屋で アルバイトを する ことに しました。

石井　学校から 遠く なって 不便じゃ ありませんか。

チェ　でも、学費を 稼ぐ ためには それぐらいは 我慢しなければ ならないと 思います。

문 법 노 트

文法1 동사의 의지형

기본형	의지형
5단동사	
洗<ruby>あら</ruby>**う**(씻다)	洗<ruby>あら</ruby>**おう**
行<ruby>い</ruby>**く**(가다)	行<ruby>い</ruby>**こう**
待<ruby>ま</ruby>**つ**(기다리다)	待<ruby>ま</ruby>**とう**
読<ruby>よ</ruby>**む**(읽다)	読<ruby>よ</ruby>**もう**
送<ruby>おく</ruby>**る**(보내다)	送<ruby>おく</ruby>**ろう**
1단동사	
見<ruby>み</ruby>**る**(보다)	見<ruby>み</ruby>よう
起<ruby>お</ruby>**きる**(일어나다)	起<ruby>お</ruby>きよう
食<ruby>た</ruby>**べる**(먹다)	食<ruby>た</ruby>べよう
불규칙동사	
来<ruby>く</ruby>る(오다)	**来**よう
する(하다)	**しよう**

文法2

1: ~(よ)うと 思います   ~하려고 합니다.   화자의 의지

❶ 部屋を 探そうと 思って いますが。

❷ 旅行に 行こうと 思いましたが、年末<ruby>ねんまつ</ruby>は 高くて 無理<ruby>むり</ruby>です。

❸ 論文<ruby>ろんぶん</ruby>は いつから 始<ruby>はじ</ruby>める つもりですか。

  そろそろ 始めようと 思って います。

❹ 誕生日に 友達を 招待<ruby>しょうたい</ruby>しようと 思って います。

❺ 毎日<ruby>まいにち</ruby> 来<ruby>こ</ruby>ようと 思って います。

2: ~つもりです   ~할 작정입니다.   의도

❶ 試験<ruby>しけん</ruby>が 終わってから 映画を 見に いく つもりです。

❷ 卒業<ruby>そつぎょう</ruby>した 後<ruby>あと</ruby>は どう する つもりですか。

  博士<ruby>はかせ</ruby>コースに 進学<ruby>しんがく</ruby>する つもりです。

❸ 明日の 集<ruby>あつ</ruby>まりには 行かない つもりです。

3: ～ことに する ～하기로 하다. 의지에 의한 결정

❶ 近くの 居酒屋で アルバイトを する ことに しました。
❷ 今週末に 後輩と 映画を 見に いく ことに しました。
❸ これから たばこを 止める ことに しました。
❹ 雨なので 外出は しない ことに しましょう。

4: ～ことに なる ～하기로 되다. 상황에 따른 결정

❶ 七月 二十四日、 引っ越す ことに なりました。
❷ 来年 会社の 研修に 日本へ 行く ことに なりました。
❸ ここからは 靴を 脱ぐ ことに なって います。
❹ うちの 会社は 毎朝 会議を する ことに なって います。

5: ～く なる ～(워・아)지다 い형용사의 상태변화
　　 ～に なる ～(이) 되다 な형용사의 상태변화

❶ 家賃が けっこう 高く なると 思いますが。
❷ 頭が 痛かったんですが、今は だいぶ よく なりました。
❸ 掃除を したので とても きれいに なりました。
❹ 子供の 時から 夢だった 先生に なりました。

6: ～ために ～을 위하여 목적표현

❶ 学費を 稼ぐ ために バイトを して います。
❷ 健康の ために 毎日 歩く ことに しました。
❸ 何の ために 勉強を して いますか。
❹ 合格する ために 一生懸命 頑張って います。

종지형 + そうだ　　　　　　　　　　　～라고 한다.　　　　　　전문표현

❶ 入場料は 一人当たり 300円だそうです。

❷ 月末は 忙しいそうです。

❸ ニュースに よると 明日 晴れるそうです。

❹ 今朝、東京で 地震が あったそうです。

STEP 09

연습문제

01 다음과 같이 활용해 보세요.

会(あ)う → 会(あ)おう　食(た)べる → 食(た)べよう　来(く)る → 来(こ)よう

❶ 習(なら)う(배우다) ⇨

❷ 歩(ある)く(걷다) ⇨

❸ 泳(およ)ぐ(수영하다) ⇨

❹ 出(だ)す(내다, 제출하다) ⇨

❺ 選(えら)ぶ(선택하다) ⇨

❻ 守(まも)る(지키다) ⇨

❼ 帰(かえ)る(돌아가다) ⇨

❽ 入(はい)る(들어가다) ⇨

❾ 教(おし)える(가르치다) ⇨

❿ 見(み)る(보다) ⇨

⓫ する(하다) ⇨

02 다음과 같이 활용해 보세요.

| 行きます → 行く ことに しました(なりました) |

❶ 会います　　　⇨ _____

❷ 待ちます　　　⇨ _____

❸ 教えます　　　⇨ _____

❹ 着ます　　　　⇨ _____

❺ 来ます　　　　⇨ _____

❻ します　　　　⇨ _____

03 다음과 같이 활용해 보세요.

| 大きい → 大きく なる　　　/　　　元気だ → 元気に なる |

❶ 暑い　　　　　⇨ _____

❷ 親しい(친하다)　⇨ _____

❸ 明るい　　　　⇨ _____

❹ 多い　　　　　⇨ _____

❺ いい　　　　　⇨ _____

❻ 好きだ　　　　⇨ _____

❼ きれいだ   ⇨ _____

❽ まじめだ   ⇨ _____

❾ 幸<small>しあわ</small>せだ   ⇨ _____

❿ 便<small>べん</small>利<small>り</small>だ   ⇨ _____

⓫ 学生だ   ⇨ _____

⓬ 三<small>さん</small>時<small>じ</small>だ   ⇨ _____

04 다음을 일본어로 바꾸어 보세요.

❶ 건강을 위해서 매일 우유를 마시려고 생각합니다.

   ⇨ _____

❷ 내년 1월1일 일출(日<small>ひ</small>の出<small>で</small>)은 후지산(富<small>ふ</small>士<small>じ</small>山<small>さん</small>)에서 맞이하려고 합니다.(迎<small>むか</small>える:맞이하다)

   ⇨ _____

❸ 내 꿈(夢<small>ゆめ</small>)을 위해서 좀 더 노력할 작정입니다.(努力<small>どりょく</small>する:노력하다, 頑張<small>がんば</small>る:열심히 하다)

   ⇨ _____

❹ 이제 곧 어두워집니다.(暗<small>くら</small>い:어둡다)

   ⇨ _____

❺ 열심히 운동해서 건강해 졌습니다.(熱心<small>ねっしん</small>だ、一生懸命<small>いっしょうけんめい</small>: 열심)

   ⇨ _____

❻ 이제부터는 1시간 정도 걸을 작정입니다.

   ⇨ _____

❼ 다음 달부터 영어를 배우기로 했습니다.

   ⇨ _____

❽ 음식물 쓰레기(生^{なま}ごみ)는 월, 수 내기로 되어 있습니다.

⇨ _____

❾ 지금은 비가 내리고 있지만 오후부터는 맑아진답니다.

⇨ _____

❿ 대학원에 진학하는 학생이 10명이랍니다.

⇨ _____

:1

探す　찾다	新しい　새것이다	情報紙　정보지
引っ越す　이사하다	働く　일하다	できるだけ　가능하면
調べる　조사하다	家賃　집세	頑張る　열심히 하다

:2

おじゃまします　실례합니다	ずっと　계속해서, 쭉	連絡　연락
〜に よると　〜에 의하면	申し訳ないんですが　죄송합니다만	手伝いを する　도우다
頼む　부탁하다	喜んで　기꺼이	見つける　찾아내다, 발견하다
1人暮らし　독신생활	六畳　일본의 방 평수(다다미 6장)	建物　건물
古い　오래되다, 낡다	割りと　비교적	居酒屋　선술집
学費　학비	稼ぐ　(돈을) 벌다	我慢する　참다

✏ 문법노트1

旅行に 行く　여행가다	年末　연말	無理だ　무리다
論文　논문	始める　시작하다	そろそろ　(이제) 슬슬
招待する　초대하다	試験　시험	卒業　졸업
博士コース　박사코스	進学する　진학하다	〜つもり　〜할 작정이다
集まり　모임	後輩　후배	止める　그만두다
外出　외출	研修　연수	脱ぐ　벗다
頭が 痛い　머리가 아프다	だいぶ　상당히, 꽤	健康の ために　건강을 위해서
地震　지진	晴れる　개다, 맑다	入場料　입장료
一人当たり　1인당	忙しい　바쁘다	着る　(옷)을 입다

STEP 10

これ、
食べても いいですか

스마트
일본어 1

:1:

石井　とにかく 引っ越しは たいへんですね。

チェ　ええ、あと もう すこしで 終りですから。

石井　この 花瓶（かびん）は テーブルの 真ん中（まなか）に 置（お）いても いいですか。

チェ　いいえ、あそこに 置かないで 部屋の 隅（すみ）に 置いて ください。

石井　サラダは もう 出しても いいでしょう。

チェ　あ、忘れてました。冷蔵庫から 出して テーブルの 上に 並べて ください。

石井　わあ、 おいしい におい。これ、少し 食べても いいですか。

チェ　ええ、遠慮しないで どうぞ。でも ビールは 飲まないで ください。後で 二人で 乾杯してから 飲みましょうよ。

石井　これで パーティーの 支度は 終わり。

チェ　今日は おかげさまで ほんとうに 助かりました。明日、お礼に 私が ごちそうします。

石井　そりゃ ありがたいですが、あまり 無理しなくても いいですよ。それより 引っ越しの お祝いに 何が いいですか。

チェ　まあ、なんにも 要りません。その 言葉だけで 十分です。

患者（かんじゃ）　たばこを 吸（す）っても いいですか。

医者（いしゃ）　今、風邪（かぜ）を ひいて いるでしょう。

風邪を ひいた 時は たばこを 吸わない 方が いいですよ。薬は 飲みまし

たか。

患者　それが…。うっかり 忘（わす）れるんです。

医者　普段（ふだん）は 体が 丈夫ですから 心配（しんぱい）しなくても いいと 思いますが、早く 治（なお）

す ためには 薬を きちんと 飲まなくては いけません。

患者　いや、この 頃は 健康（けんこう）に あまり 自信（じしん）が ないんです。

医者　そんな 気（き）の 弱（よわ）い ことは 言わないで ください。

やはり 風邪の 時は 無理しては いけませんから ゆっくり 休まなければ

なりません。

患者　寝る 前に お風呂（ふろ）に 入（はい）っても いいですか。

医者　軽く シャワーは 浴（あ）びても いいですが、お風呂には 入らない ほうが い

いでしょうね。

患者　はい、わかりました。気を つけます。

문 법 노 트

文法1

1:

| ～ても いいです | ～(해)도 좋습니다. | 허가 |
| ～なくても いいです | ～(하)지 않아도 됩니다. | 불필요 |

❶ テーブルの 真ん中に 置いても いいですか。
❷ 明日 出しても よろしいでしょうか。
❸ そんなに 早く 来なくても けっこうです。
❹ あまり 心配しなくても いいです。一人でも 十分ですよ。

2:

| ～ては いけません | ～해서는 안 됩니다. | 금지 |

❶ 重い ものは ここに 置いては いけません。
❷ 風邪ですから お風呂に 入っては いけません。
❸ 授業に 遅れては いけませんよ。
❹ ここでは 大きい 声で 騒いでは いけません。

3:

| ～なくては いけません | ～(하)지 않으면 안 됩니다. ～(해)야합니다. | 당연 |

❶ 今週末までには 出さなくては いけません。
❷ 健康の ために たばこを やめなくては いけません。
❸ 一生懸命 やらなくては 試験に 落ちますよ。
❹ 君は どうしても 来なくては いけないよ。

4:

| ～なければ なりません | ～(하)지 않으면 안 됩니다, ～(해)야합니다. | 당연 |

❶ 年末は 早めに 場所を 決めなければ なりません。
❷ 規則は 守らなければ なりません。
❸ 約束が あって 早く 帰らなければ ならないんです。
❹ 話さなければ ならないと 思って います。

5: | ~ないで ください　　　　　　　~하지 마세요.　　　　　　부정적 의뢰

❶ 一人で 飲まないで ください。

❷ この 話は 彼には 絶対 しないで ください。

❸ 勝手に 作品に 触らないで ください。

❹ 今日は 早く 帰らないで ください。

❺ ここには 座らないで ください。

6: | ~に　　　　　　　　　　~(으)로　　　　　　　목적적인 선택

❶ 引っ越しの お祝いに 何が ほしいですか。

❷ 朝ごはんに 何を 食べますか。

❸ 誕生日プレゼントに 時計を 買って ほしいです。

연 습 문 제

01 다음과 같이 활용해 보세요.

使う → 使<u>って</u> ください	使<u>わないで</u> ください

❶ 待つ　　⇨ _____

❷ 急ぐ　　⇨ _____

❸ 遊ぶ　　⇨ _____

❹ 飲む　　⇨ _____

❺ 食べる　⇨ _____

❻ 行く　　⇨ _____

❼ 話す　　⇨ _____

❽ 帰る　　⇨ _____

❾ 来る　　⇨ _____

❿ する　　⇨ _____

02 다음과 같이 활용해 보세요.

使う → 使っても いいです	使わなければ なりません

❶ 習う　　⇨ _____

❷ 聞く　　⇨ _____

❸ 飲_のむ ⇨ _____

❹ 選_{えら}ぶ ⇨ _____

❺ 送_{おく}る ⇨ _____

❻ 走_{はし}る ⇨ _____

❼ 探_{さが}す ⇨ _____

❽ 止_とめる ⇨ _____

❾ 来_くる ⇨ _____

❿ する ⇨ _____

03 다음을 일본어로 바꾸어 보세요.

❶ 신발을 벗고 들어가세요.

⇨ _____

❷ 혼자 돌아가지 마세요.

⇨ _____

❸ 조금 먹어도 될까요?

⇨ _____

❹ 예, 드세요. 하지만 술은 마셔서는 안 됩니다.

⇨ _____

❺ 제가 가지 않아도 될까요?

⇨ _____

6 예, 당신은 오지 않아도 됩니다.

⇨ _____

7 오늘은 볼일(用事)이 있어서 빨리 돌아가야 합니다.

⇨ _____

8 아파서(病気で) 입원(入院)해야 합니다.

⇨ _____

9 여기서 떠들어서는 안 되요.(騒ぐ:소란피우다)

⇨ _____

10 시험 때는 사전을 사용해서는 안 됩니다.

⇨ _____

단 어 정 리

:1

とにかく 어쨌든, 여하튼	花瓶 화병	テーブル 테이블
真ん中 중앙, 한 복판	置く 놓다, 두다	忘れる 잊다, 망각하다
冷蔵庫 냉장고	並べる 나열하다, 줄 세우다	遠慮する 사양하다
乾杯する 건배하다	支度 준비	助かる 도움이 되다
お礼をする 예를 표하다	ごちそうする 한턱내다	ありがたい 고맙다
要る 필요하다	言葉 말	～だけで ～뿐(만)으로서

:2

患者 환자	風邪をひく 감기 들다	薬を飲む 약을 먹다
普段 평소	心配する 걱정하다	治す (병을)고치다
きちんと 확실하게, 정확하게	自信がない 자신이 없다	気が弱い 자신이 없다
やはり 역시	ゆっくり 천천히, 푹	お風呂に入る 목욕하다
わかりました 알겠습니다	気をつける 주의하다	

📖 문법노트

声 소리	騒ぐ 떠들다, 소란피우다	決める 결정하다
一生懸命 열심히	落ちる 떨어지다	早めに 일치감치
場所 장소	規則 규칙	守る 지키다
絶対 절대(로)	勝手に 마음대로, 함부로	残す 남기다
作品に触る 작품에 손을 대다(만지다)	祝いに 기념으로	

✏️ 연습문제

習う 배우다	聞く 듣다, 묻다	選ぶ 선택하다, 뽑다
止める 주차하다, 세우다		

조수사 1

몇	횟수(번, 회)	개수(물건 셀 때)		책(권)	~층	~명(사람)	나이
몇	何回（なんかい）	幾つ（いくつ）	何個（なんこ）	何冊（なんさつ）	何階（なんがい）	何人（なんにん）	何歳 いくつ（なんさい）
1	一回（いっかい）	一つ（ひと）	一個（いっこ）	一冊（いっさつ）	一階（いっかい）	一人（ひとり）	一歳（いっさい）
2	二回（にかい）	二つ（ふた）	二個（にこ）	二冊（にさつ）	二階（にかい）	二人（ふたり）	二歳（にさい）
3	三回（さんかい）	三つ（みっ）	三個（さんこ）	三冊（さんさつ）	三階（さんがい）	三人（さんにん）	三歳（さんさい）
4	四回（よんかい）	四つ（よっ）	四個（よんこ）	四冊（よんさつ）	四階（よんかい）	四人（よにん）	四歳（よんさい）
5	五回（ごかい）	五つ（いつ）	五個（ごこ）	五冊（ごさつ）	五階（ごかい）	五人（ごにん）	五歳（ごさい）
6	六回（ろっかい）	六つ（むっ）	六個（ろっこ）	六冊（ろくさつ）	六階（ろっかい）	六人（ろくにん）	六歳（ろくさい）
7	七回（ななかい）	七つ（なな）	七個（ななこ）	七冊（ななさつ）	七階（ななかい）	七人（ななにん）	七歳（ななさい）
8	八回（はっかい）(はちかい)	八つ（やっ）	八個（はっこ）(はちこ)	八冊（はっさつ）	八階（はっかい）	八人（はちにん）	八歳（はっさい）
9	九回（きゅうかい）	九つ（ここの）	九個（きゅうこ）	九冊（きゅうさつ）	九階（きゅうかい）	九人（きゅうにん）	九歳（きゅうさい）
10	十回（じゅっかい）	十（とお）	十個（じゅっこ）	十冊（じゅっさつ）	十階（じゅっかい）	十人（じゅうにん）	十歳（じゅっさい）
11	十一回（じゅういっかい）	十一（じゅういち）	十一個（じゅういっこ）	十一冊（じゅういっさつ）	十一階（じゅういっかい）	十一人（じゅういちにん）	十一歳（じゅういっさい）
12	十二回（じゅうにかい）	十二（じゅうに）	十二個（じゅうにこ）	十二冊（じゅうにさつ）	十二階（じゅうにかい）	十二人（じゅうににん）	十二歳（じゅうにさい）

🌐 조수사 2

	~자루 / ~병 (영화)편	~잔	~마리 (작은동물)	~켤레	~장	~마리(새)
몇	なんぼん 何本	なんばい 何杯	なんびき 何匹	なんぞく 何足	なんまい 何枚	なんわ 何羽
1	いっぽん 一本	いっぱい 一杯	いっぴき 一匹	いっそく 一足	いちまい 一枚	いちわ 一羽
2	にほん 二本	にはい 二杯	にひき 二匹	にそく 二足	にまい 二枚	にわ 二羽
3	さんぼん 三本	さんばい 三杯	さんびき 三匹	さんぞく 三足	さんまい 三枚	さんわ 三羽
4	よんほん 四本	よんはい 四杯	よんひき 四匹	よんそく 四足	よんまい 四枚	よんわ 四羽
5	ごほん 五本	ごはい 五杯	ごひき 五匹	ごそく 五足	ごまい 五枚	ごわ 五羽
6	ろっぽん 六本	ろっぱい 六杯	ろっぴき 六匹	ろくそく 六足	ろくまい 六枚	ろっぱ 六羽
7	ななほん 七本	ななはい 七杯	ななひき 七匹	ななそく 七足	ななまい 七枚	ななわ 七羽
8	はっぽん 八本 （はちほん）	はっぱい 八杯	はっぴき 八匹	はっそく 八足	はちまい 八枚	はちわ 八羽
9	きゅうほん 九本	きゅうはい 九杯	きゅうひき 九匹	きゅうそく 九足	きゅうまい 九枚	きゅうわ 九羽
10	じゅっぽん 十本	じゅっぱい 十杯	じゅっぴき 十匹	じゅっそく 十足	じゅうまい 十枚	じゅうわ・じゅっぱ 十羽・十羽
11	じゅういっぽん 十一本	じゅういっぱい 十一杯	じゅういっぴき 十一匹	じゅういっそく 十一足	じゅういちまい 十一枚	せんば つる 千羽鶴 （천마리학）
12	じゅうにほん 十二本	じゅうにはい 十二杯	じゅうにひき 十二匹	じゅうにそく 十二足	じゅうにまい 十二枚	

문제
풀이

1

STEP 01 　はじめまして

❶ 私は 韓国の 留学生です。
❷ 金さんも 中国人ですか。
❸ いいえ、私は 韓国人です。
❹ 木村さんも 大学生ですか。
❺ はい、私も 大学生です。
❻ 日本は はじめてじゃ ありません。
❼ では、新入生じゃ ありませんね。
❽ 田中さんは 先生ですか。
❾ はい、そうです。
❿ 専攻は 何ですか。

STEP 02 　それは 私の 携帯です

1:
❶ それも 鉛筆ですか。
　　→ はい、これも 鉛筆です。
　　→ いいえ、これは 鉛筆じゃ ありません。
❷ それも 教科書ですか。
　　→ はい、これも 教科書です。
　　→ いいえ、これは 教科書じゃ ありません。
❸ それも 英語の 辞書ですか。
　　→ はい、これも 英語の 辞書です。
　　→ いいえ、これは 英語の 辞書じゃ ありません。
❹ それも 先生の 時計ですか。
　　→ はい、これも 先生の 時計です。
　　→ →いいえ、これは 先生の 時計じゃ ありません。

2:
❶ あれも あなたの コンピューターですか。
　　→ いいえ、あれは 私のじゃ ありません。友達のです。
❷ あれも あなたの 帽子ですか。
　　→ いいえ、あれは 私のじゃ ありません。友達のです。

❸ あれも あなたの 机ですか。
　→ いいえ、あれは 私のじゃ ありません。友達のです。
❹ あれも あなたの 自転車ですか。
　→ いいえ、あれは 私のじゃ ありません。友達のです。

3:

❶ これは 何ですか。
❷ それは 目覚まし時計です。
❸ あれも 日本語の 辞書ですか。
❹ はい、あれも 日本語の 辞書です。
❺ 先生の 本は これじゃ ありません。
❻ その 消ゴムは 私のです。
❼ この 携帯は 木村さんので、その 時計は 先生のです。
❽ 私の 本は これでも それでも ありません。私のは あれです。
❾ あれは だれの 財布ですか。
❿ あれは 私の 友達のじゃ ありません。

 STEP 03 学校(がっこう)から あまり 遠(とお)く ありません

1:

❶ 明るい　　→ 明るいです　→ 明るく ないです　　→ 明るく ありません
❷ 軽い　　　→ 軽いです　　→ 軽く ないです　　　→ 軽く ありません
❸ 強い　　　→ 強いです　　→ 強く ないです　　　→ 強く ありません
❹ いい　　　→ いいです　　→ よく ないです　　　→ よく ありません
❺ すきだ　　→ すきです　　→ すきじゃ ないです　→ すきじゃ ありません
❻ 派手だ　　→ 派手です　　→ 派手じゃ ないです　→ 派手じゃ ありません
❼ 十分だ　　→ 十分です　　→ 十分じゃ ないです　→ 十分じゃ ありません
❽ 得意だ　　→ 得意です　　→ 得意じゃ ないです　→ 得意じゃ ありません

2:

❶ 長くて 丸い テーブル
❷ 安全で 便利な 電車
❸ 静かで 明るい 部屋
❹ 広くて きれいな 教室
❺ 高くて 大きい 机
❻ かわいくて 丈夫な 靴

3:

❶ 顔色が よく ないですね。

❷ 日本語は やさしくて おもしろいです。

❸ この かばんは あまり 重く ないです。

❹ 小さくて 丸い 椅子は 誰のですか。

❺ この 街は きれいで 静かですね。

❻ 日本語の 先生は どんな 方ですか。

❼ 彼は やさしくて まじめな 方です。

❽ 値段は 高くも 安くも ないですね。

❾ ここは 交通が 便利で いいです。

❿ この 携帯は 軽くて 丈夫ですね。

 **04 何^{なに}が お好^すきですか**

1:

❶ 果物の 中で 何が 一番 好きですか。

❷ りんごが 一番 好きです。

❸ 木村さんと 田中さんと どちらが 背が 高いですか。

❹ 木村さんの ほうが 田中さんより ずっと 高いです。

❺ タクシーは 地下鉄ほど 早くは ありません。

❻ この 白い 帽子は いくらですか。一万三千八百円です。

❼ あの 赤いのより 安いですね。これ、二つ ください。

❽ デザートは 何でも いいです。

❾ 今 何が いちばん ほしいですか。

❿ 何にも ほしく ありません(ないです)。

 **05 山田^{やまだ}さんの デジカメは どこに ありますか**

1:

❶ そこに 何が ありますか。机が 2つ あります。

❷ この 部屋の 中には 誰が いますか。妹が います。

❸ あの 建物の 3階には 食堂や 書店などが あります。

❹ 銀行の となりには 郵便局が あります。

❺ 学校の 近くには 何にも ありません。

❻ 講義室の 中には 誰も いません。

❼ 田舎には 若い 人が あまり いません。

❽ 男の 学生が 五人、女の 学生が 二人 います。

❾ 4人兄弟の 中で 私が いちばん 下です。

❿ 家には 犬は いますが、猫は いません。

06 私の 一日を ご紹介します

1:

❶ 笑う	→ 笑わない	笑います	笑いません
❷ 使う	→ 使わない	使います	使いません
❸ 働く	→ 働かない	働きます	働きません
❹ 歩く	→ 歩かない	歩きます	歩きません
❺ 脱ぐ	→ 脱がない	脱ぎます	脱ぎません
❻ 急ぐ	→ 急がない	急ぎます	急ぎません
❼ 落とす	→ 落とさない	落とします	落としません
❽ 押す	→ 押さない	押します	押しません
❾ 待つ	→ 待たない	待ちます	待ちません
❿ 立つ	→ 立たない	立ちます	立ちません
⓫ 飛ぶ	→ 飛ばない	飛びます	飛びません
⓬ 遊ぶ	→ 遊ばない	遊びます	遊びません
⓭ 読む	→ 読まない	読みます	読みません
⓮ 休む	→ 休まない	休みます	休みません
⓯ 走る	→ 走らない	走ります	走りません
⓰ 入る	→ 入らない	入ります	入りません
⓱ 来る	→ 来ない	来ます	来ません
⓲ する	→ しない	します	しません

2:

❶ 東京駅まで 電車で 何分ぐらい かかりますか。

❷ 自転車で 15分しか かかりません。

❸ 朝ごはんは 必ず 食べます。

❹ そして 夜 遅くは 何にも 食べません。

❺ 毎日 寝る 前に 一時間ずつ 勉強します。

❻ ご飯を 食べる 時は テレビを 見ません。

⑦ だいたい 何時ごろ 学校に 来ますか。

⑧ 食事の 前に いつも 手を 洗います。

⑨ 家に 帰る 時は バスに 乗ります。

⑩ たまに 家事を 手伝います。

いっしょに 映画を 見に 行きました

1:

① 洗う → 洗います → 洗いました → 洗いませんでした

② 聞く → 聞きます → 聞きました → 聞きませんでした

③ 泳ぐ → 泳ぎます → 泳ぎました → 泳ぎませんでした

④ 出す → 出します → 出しました → 出しませんでした

⑤ 育つ → 育ちます → 育ちました → 育ちませんでした

⑥ 死ぬ → 死にます → 死にました → 死にませんでした

⑦ 選ぶ → 選びます → 選びました → 選びませんでした

⑧ 踏む → 踏みます → 踏みました → 踏みませんでした

⑨ 守る → 守ります → 守りました → 守りませんでした

⑩ 帰る → 帰ります → 帰りました → 帰りませんでした

⑪ 見る → 見ます → 見ました → 見ませんでした

⑫ 教える → 教えます → 教えました → 教えませんでした

⑬ 来る → 来ます → 来ました → 来ませんでした

2:

① 春です → 春でした → 春では ありませんでした

② 昨日です → 昨日でした → 昨日では ありませんでした

③ 静かです → 静かでした → 静かでは ありませんでした

④ まじめです → まじめでした → まじめでは ありませんでした

⑤ 重いです → 重かったです → 重く ありませんでした

⑥ いいです → よかったです → よく ありませんでした

3:

① 先生に 会いに 来ました。

② 家族と いっしょに ショッピングに 行きました。

③ 飲み物は 何に しますか。

④ 今日は 何も 飲みたく ないです。

⑤ おもしろい 話を しながら 歩きました。

❻ 時間が なかったので 映画を 見ませんでした。

❼ この 食堂は 親切なので お客さんが 多いです。

❽ まだ 時間が ありますから 食事でも しましょうか。

❾ いま 北海道は 寒いかも しれません。

❿ 駐車場は 車で いっぱいでした。

08　今 何を して いますか

1:

❶ 使う　→ 使って　　　　　❷ 育つ　→ 育って

❸ 守る　→ 守って　　　　　❹ 帰る　→ 帰って

❺ 行く　→ 行って　　　　　❻ 死ぬ　→ 死んで

❼ 選ぶ　→ 選んで　　　　　❽ 踏む　→ 踏んで

❾ 聞く　→ 聞いて　　　　　❿ 泳ぐ　→ 泳いで

⓫ 出す　→ 出して　　　　　⓬ 見る　→ 見て

⓭ 教える　→ 教えて　　　　⓮ 来る　→ 来て

⓯ する　→ して

2:

❶ 今 何を 作って いますか。

❷ 会社では いまも この モデルを 使って います。

❸ レポートは もう 出しましたか。

　　いいえ、まだ 出して いません。

❹ 妹は 高校に 通って います。

❺ シャワーを 浴びてから ビールを 飲みました。

❻ 料理が 下手で 心配です。

❼ いまの 時間は 道が 込んで いると 思います。

❽ 遅れると 思って、電車に 乗って 来ました。

❾ 行きたいんですが、忙しくて 後で 行きます。

❿ 図書館に 行って、遅くまで 勉強しました。

09 部屋を 探そうと 思って いますが

1:

① 習う → 習おう
② 歩く → 歩こう
③ 泳ぐ → 泳ごう
④ 出す → 出そう
⑤ 選ぶ → 選ぼう
⑥ 守る → 守ろう
⑦ 帰る → 帰ろう
⑧ 入る → 入ろう
⑨ 教える → 教えよう
⑩ 見る → 見よう
⑪ する → しよう

2:

① 会います → 会う ことに しました(なりました)。
② 待ちます → 待つ ことに しました(なりました)。
③ 教えます → 教える ことに しました(なりました)。
④ 着ます → 着る ことに しました(なりました)。
⑤ 来ます → 来る ことに しました(なりました)。
⑥ します → する ことに しました(なりました)。

3:

① 暑い → 暑く なる
② 親しい → 親しく なる
③ 明るい → 明るく なる
④ 多い → 多く なる
⑤ いい → よく なる
⑥ 好きだ → 好きに なる
⑦ きれいだ → きれいに なる
⑧ まじめだ → まじめに なる
⑨ 幸せだ → 幸せに なる
⑩ 便利だ → 便利に なる
⑪ 学生だ → 学生に なる
⑫ 三時だ → 三時に なる

4:

① 健康の ために 毎日 牛乳を 飲もうと 思って います。
② 来年 1月 1日の 日の出は 富士山で 迎えようと 思って います。
③ 私の 夢の ために もっと 頑張る つもりです。
④ もう すぐ 暗く なります。
⑤ 熱心に 運動して 元気に なりました。
⑥ これからは 1時間ぐらい 歩く つもりです。
⑦ 来月から 英語を 習う ことに しました。
⑧ 生ごみは 月、水に 出すことに なって います。
⑨ いまは 雨が 降って いますが、午後からは 晴れるそうです。

⓾ 大学院に　進学する　学生が　10人だそうです。

STEP 10　これ、食べても　いいですか

1:

① 待つ　　→　待って　ください　　　　待たないで　ください
② 急ぐ　　→　急いで　ください　　　　急がないで　ください
③ 遊ぶ　　→　遊んで　ください　　　　遊ばないで　ください
④ 飲む　　→　飲んで　ください　　　　飲まないで　ください
⑤ 食べる　→　食べて　ください　　　　食べないで　ください
⑥ 行く　　→　行って　ください　　　　行かないで　ください
⑦ 話す　　→　話して　ください　　　　話さないで　ください
⑧ 帰る　　→　帰って　ください　　　　帰らないで　ください
⑨ 来る　　→　来て　ください　　　　　来ないで　ください
⑩ する　　→　して　ください　　　　　しないで　ください

2:

① 習う　　→　習っても　いいです　　　習わなければ　なりません
② 聞く　　→　聞いても　いいです　　　聞かなければ　なりません
③ 飲む　　→　飲んでも　いいです　　　飲まなければ　なりません
④ 選ぶ　　→　遊んでも　いいです　　　遊ばなければ　なりません
⑤ 送る　　→　送っても　いいです　　　送らなければ　なりません
⑥ 走る　　→　走っても　いいです　　　走らなければ　なりません
⑦ 探す　　→　探しても　いいです　　　探さなければ　なりません
⑧ 止める　→　止めても　いいです　　　止めなければ　なりません
⑨ 来る　　→　来ても　いいです　　　　来なければ　なりません
⑩ する　　→　しても　いいです　　　　しなければ　なりません

3:

① 靴を　脱いで　入って　ください。

② 一人で　帰らないで　ください。

③ 少し　食べても　いいでしょうか。

④ ええ、どうぞ。ところが　お酒は　飲んでは　いけません。

⑤ 私が　行かなくても　いいでしょうか。

⑥ はい、あなたは　来なくても　いいです。

⑦ 今日は　用事が　あって　早く　帰らなければ　なりません。

❽ 病気で 入院しなければ なりません。

❾ ここで 騒いでは いけません。

❿ 試験の 時は 辞書を 使っては いけません。

최병규

  한국외국어대학교 일본어과 졸업
  일본 요코하마국립대학 교육대학원 (교육학석사)
  일본 대동문화대학 대학원 문학연구과 (문학박사)
  현재 단국대학교 일어일문과 교수
  전공 / 현대일본어문법

스마트
일본어1

초판인쇄 2010년 3월 2일
초판발행 2010년 3월 20일

저자   최병규
발행   제이앤씨
등록번호   제7-220호
책임편집   조성희

ADDRESS (132-040) 서울시 도봉구 창동 624-1 현대홈시티 102-1206
TEL   (02)992-3253
FAX   (02)991-1285
E-MAIL   jncbook@hanmail.net
URL   http://www.jncbook.co.kr

ISBN 978-89-5668-765-0 03730   정 가 10,000원